记
号

记
/M/A/R/K/
号

真知　卓思　洞见

北魏史

迁都洛阳之前与后

[日] 窪添庆文 著

付晨晨 译

徐 冲 审订

北京科学技术出版社

本书日文原版《北魏史：洛陽遷都の前と後》由东方书店出版，现由该社授权本公司
出版中文简体字版。

著作权合同登记号　图字：01-2025-2310

图书在版编目（CIP）数据

北魏史：迁都洛阳之前与后 /（日）窪添庆文著；
付晨晨译. -- 北京：北京科学技术出版社，2025.
ISBN 978-7-5714-4719-9（2025.10重印）

Ⅰ. K239.210.7

中国国家版本馆 CIP 数据核字第 2025J1J665 号

选题策划：	记　号
策划编辑：	马　旭
责任编辑：	马春华　武环静
责任校对：	贾　荣
封面设计：	李　响
图文制作：	刘永坤
责任印制：	吕　越
出 版 人：	曾庆宇
出版发行：	北京科学技术出版社
社　　址：	北京西直门南大街16号
邮政编码：	100035
电　　话：	0086-10-66135495（总编室）　0086-10-66113227（发行部）
网　　址：	www.bkydw.cn
印　　刷：	北京华联印刷有限公司
开　　本：	710 mm × 1000 mm　1/16
字　　数：	168千字
印　　张：	16.5
版　　次：	2025年10月第1版
印　　次：	2025年10月第2次印刷
审 图 号：	GS（2025）1762号

ISBN 978-7-5714-4719-9

前　言

魏晋南北朝时期是中国历史中缺乏存在感的一段。秦朝（前221—前206）首次统一中国，却短祚而终。汉朝（前206—220）[①]崛起，进一步巩固了统一帝国的政治体制。两者一般被统称为秦汉时期或秦汉帝国。这是中国历史上第一次出现统一帝国。此后中国陷入长期的分裂，是为魏晋南北朝时期（220—589）。

魏晋南北朝中的"魏"，指的是三国时期（220—280）——魏（220—265）、吴（222—280）、蜀（221—263）——最强大的是魏国。三国鼎立终结后，西晋（265—317）短暂完成统一，却也国祚不昌，此后中国再度分裂。总体上，中国分裂成南北两大区块，细言之，北方大小政权林立，南方则是东晋、南朝。东晋（317—420）号称继承了晋（西晋）统，由西晋皇室成员建立，都城在长江以南的建康（今江苏省南京市）。东晋以后是宋（南朝宋，420—479）、齐（南齐，479—502）、梁（502—557）、陈（557—589），此四者统称"南朝"。至于北方，先是经历了五胡十六国时期（304—439，5个少数民族建立的十六国之统称），

[①] 汉因中间有王莽建立的新朝（9—23）而被两分为西汉和东汉，这里总称汉朝。

此后北魏（386—534）统一华北。约百年后，北魏又分裂为东魏（534—550）和西魏（535—556）。东、西魏又旋即被北齐（550—577）、北周（557—581）取代。北魏及其后诸王朝统称"北朝"。东晋与五胡十六国时期基本重叠，南朝与北朝基本重叠。之后，北周灭北齐，统一华北，随后被隋（581—618）取代。隋灭陈，再次统一中国。不久，隋朝灭亡，唐朝（618—907）建立。魏晋南北朝就是这样令人眼花缭乱且王朝更迭繁复的时期，如图前-1所示。

另外，中国有很多采用同一称号的王朝。为了区别这些同名的政权，后世往往按照时代先后（如前汉和后汉）、位置关系（如晋朝因都城洛阳、建康的地理方位而分为西晋、东晋）进行区分，或冠以君主的姓氏（如曹魏、刘宋、石赵）等。但这些都不是王朝的自称。比如，北魏的国名就只是"魏"，在国内使用时，可能会加上一些美称，如"大魏""皇魏"等。而相对于北魏，还有"后魏""元魏"等称呼。

隋与唐国家性质相近，通常并称为隋唐，被视为秦汉以后第二次统一帝国时期。就像China一词的语源是"秦"，汉在后世也成为中国的代名词，"汉字"的"汉"就取自汉朝。在日本的中世和近世，中国制造的物品被称为"からもの"，汉字写作"唐物"。这当然不是指唐代的东西，而是以"唐"指代中国。"唐"也成了中国的代名词。秦汉和隋唐的重要性由此可见一斑。中国有一个词叫"大一统"，日语训读为"一统を大ぶ"。统一中国具有重大意义。

〔江南〕　　　　　　　　　〔华北〕

秦
↓
汉
↓
吴　　　魏　　蜀
　　　　↓
　　　　晋

东晋　　　　　　　　五胡 诸国┄┄北魏
↓
宋
↓
南齐　　　　　　　西魏　　东魏
↓　　　　　　　　　↓　　　　↓
梁　　　　　　　　北周　　北齐
↓
陈

隋
↓
唐

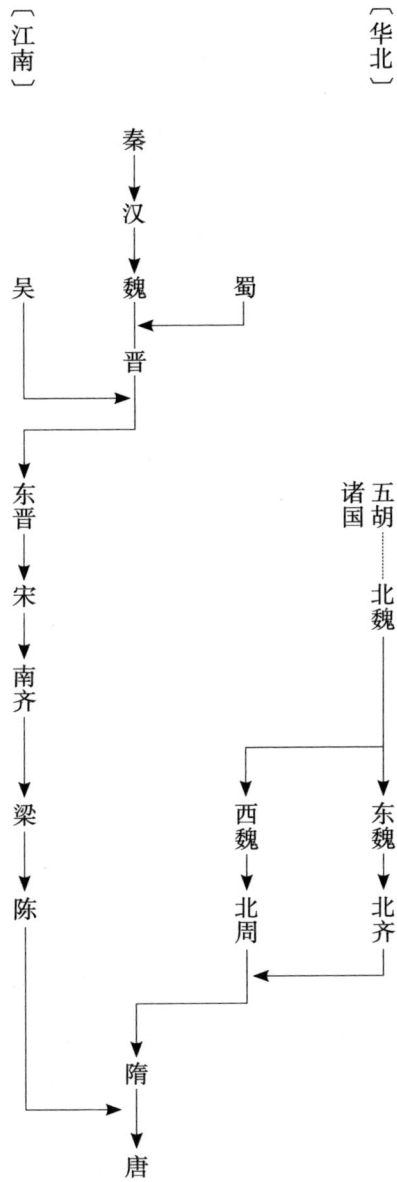

图前-1　王朝更迭示意图

那么，魏晋南北朝时期的历史意义是什么呢？从"大一统"的角度来看，这段夹在两次统一帝国时期之间的分裂时期，无论如何都称不上美好。而且，分裂的源头是进入中原的"夷狄"（三国时期除外）。"夷狄"是华夏思想的产物，儒家以"礼"区分夷狄和华夏，"夷狄"当然是个贬义词。在这种双重观念下，魏晋南北朝，尤其是五胡十六国、北朝，实在不是正面形象。下面就相关内容进行说明。从秦始皇称皇帝开始，皇帝就是独一无二的存在，当然不应该同时存在多个皇帝。假设出现数帝并存的情形，那么除了自身以外，皆属僭伪。从这个逻辑出发，中国形成了以正统王朝的更迭来梳理历史的习惯。例如，在日本也耳熟能详的《资治通鉴》，以各个王朝皇帝的年号顺序，记载了从战国至北宋成立前的公元959年之间的历史。《资治通鉴》对于三国时期采用了魏的年号，也就是把魏视为正统王朝。作为三国中的最强政权，以魏为正统不难理解。而对于西晋以后的分裂时期，《资治通鉴》采用的是东晋、宋、齐、梁、陈的年号。即便北朝直接孕育了后来的正统王朝——隋、唐，北魏等北朝政权也没有被视作正统。

这样就很容易产生第一次统一帝国单向发展出第二次统一帝国的印象。但事实果真如此吗？仅仅把隋唐作为中国内在发展出的结果真的没问题吗？我们对这种惯性思维不得不加上一个大大的问号。"夷狄"如何"侵入"中原并建立政权？这些政权勉力构建的政治体制真的对隋唐全无影响？考虑到这些问题，可能就会得出不同的结论。近年来，学界逐渐把魏晋南北朝视为分裂与融合的时期——尽管处于分裂时期，但也由此融合出新的社会，并发展为隋唐帝国。

那么，这一阶段国祚最久的北魏（近150年）占据怎样的地位呢？日本的高中课本对北魏的介绍主要是孝文帝及其汉化政策。但是，描述北方民族在中国所建王朝普遍发展方向的"汉化"一词，本身就透露着以汉为尊的思想。孝文帝的汉化政策，是站在中原王朝统治者的立场上，针对当时北魏的问题找到的最终解决方案。即便这一政策形式上与中原王朝的制度、文化相同，但也不能简单地用"汉化"一词概括。我们需要思考孝文帝改革产生的背景，以及对后世的影响。

本书将使用大量篇幅探究北魏是一个怎样的王朝。北魏史通常被分为前后两个时期。以第七代皇帝孝文帝的改革为界，此前是前期，此后为后期。本书基本沿用这个见解，并进一步细分。前期又分为建国以后至第三代皇帝太武帝统一华北的鲜卑色彩浓厚的时期（B）、第五代皇帝文成帝至孝文帝亲政的时期（C）。（C）与（B）不同，出现了一些新情况。后期又分为孝文帝亲政至迁都洛阳的时期（D）、迁都后进行各项改革的时期（E），以及改革后直至北魏分裂、北周灭亡的时期（F）。另外，作为北魏前史，还有一个代国时期（A）。

不过，本书不准备按部就班地按照时间顺序（A→F）展开叙述，而是以迁都洛阳——孝文帝改革的象征——这一给北魏带来巨变的事件为开端，再加上五胡时期的背景说明，作为理解北魏史的前提，是为序章。接下来依次是（D）（E）两章，第三章以下返回到（A）（B）（C）时期，最后以（F）结尾。做出如上安排，不仅是为了明确北魏在不同时期如何解决当时面临的问题，也缘于笔者对界定孝文帝改革意义的执念。这也是本书副标题名为"迁都洛阳之前与后"的原因。

终章将总结本书撰写的目的——阐释两次统一帝国之间北魏的历史角色。篇幅很长，内容已然超出了概说的范畴，望读者谅解。

本书不会对北魏发展史进行事无巨细的描述，而是着力于笔者关心的问题，例如墓志。尽管笔者也曾犹豫，在普及读物中专辟一节讲通常不会涉及的墓志是否合适。

笔者内心希望能通过此书提高读者对中国历史的认识。

目　录

序　章

……

一、迁都洛阳

北魏太和十七年九月二十九日（公元493年10月25日），洛阳（今河南省洛阳市），北魏第七代皇帝孝文帝戎服御马出现在群臣面前。皇帝准备御驾亲征，攻打南齐，后者是在长江（扬子江）南边的建康建都的王朝。然而，群臣却齐齐叩首马前，劝止南伐。面对此景，孝文帝叹息道：

> 今者兴动不小，动而无成，何以示后？苟欲班师，无以垂之千载。……若不南銮，即当移都于此。

他迫使群臣对迁都表态。尽管并非出于本心，但想到迁都至少好过南伐，群臣最终妥协。北魏迁都洛阳遂成定局。

《魏书·李冲列传》中记载的北魏迁都洛阳是如此突然，对大部分臣子而言，近乎被卷入一场骗局。但对以南伐名义离开平城（今山西省大同市）的孝文帝而言，他的真实目的就是迁都，从一开始就没有进攻南齐的打算。换言之，改变行程本就是计划的一环。在此之前，皇帝已经与一些大臣进行过详细的讨论，其中之一便是汉族大臣李冲。李冲挡在欲强行南伐的御马前，反驳道："今者之举，天下所不愿，唯陛下欲之。"由此引出孝文帝放弃南伐，转而迁都的替代方案。还有孝文帝的堂叔任城王元澄，在平城群议时曾反对南伐，后来在孝文帝的单独劝说下支持迁都。尽管在事发洛阳的这一幕中没有他积极发言的记录，但迁都之计甫定，元澄立即受命返回平城，向留守群臣宣示迁都事宜，随后又南下回报。可以推想，这是一场由部分臣下周密策划的集体表演。此后，汉族大臣张彝、郭祚、崔光等因迁都而增封或加授爵位，他们也应该是这个团体的成员。

但即使迁都已成定局，也不意味着洛阳马上就能发挥都城的功能。首先，作为都城的洛阳在公元311年西晋陷落（史称"永嘉之乱"，参见第009页）时被攻陷，遭到破坏。北魏需要对其进行再建。因此，在决定迁都后的十月初一，皇帝下诏重建洛阳。其次，孝文帝还需要说服留在平城的人。接下来，他巡行洛阳以东，在东汉末曹操的魏国王都——邺（今河北省邯郸市临漳县）迎来了太和十八年（公元494年），其后一度返回洛阳，又向北进发，于三月回到平城。他在太极殿举行了迁都大议（讨论重大事件的朝廷会议），燕州刺史穆罴、尚书于果、宗室重臣元丕均持反对意见，孝文帝一一予以反驳。《魏书·高祖纪》记载："帝临太极殿，谕在代群臣以迁移之略。"最终孝文帝力排众议。即便如此，决定迁都还需要做很多准备工作。七月，孝文帝亲赴北魏历代君主的陵墓（金陵）告别，接着巡视防御游牧民族的北方军事要地，最后拜谒祖母文明太后的永固陵，再回到平城。这些巡行大约耗时40天。之后的十月十日，孝文帝携历代祖先牌

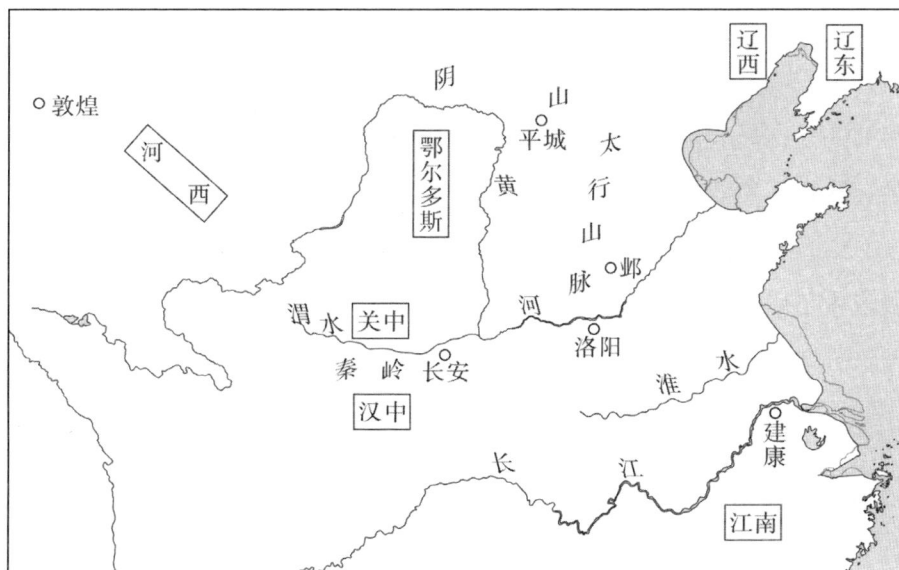

○为城市名，□内为地区名

图序-1 北魏史上主要地名示意图

位自平城出发，经信都（今河北省衡水市冀州区）、邺等河北要地，于十一月十九日抵达洛阳，完成迁都。这一天正是公元494年12月31日。当然，这是孝文帝到达洛阳的日期，完成多数人的迁移还需更多时日。

《资治通鉴》记载"时旧人①虽不愿内徙"，但孝文帝还是在大议中不顾他们的强烈反对而执意迁都洛阳，为何如此呢？

二、五胡十六国时期——理解北魏史的前提

北魏的前身是五胡十六国时期的代国。代曾一度灭国，在改国号为魏以后的50余年间，它依然与五胡诸国为伍。理解北魏不可不先了解五胡十六国时期。本书仅对这一时期进行概述，详情可参见三崎良章的《五胡十六国——中国史上的民族大迁徙》。

近年来，夏王朝的存在逐渐被认可。而单从确实存在的商（前1600—前1046）、周（西周，前1046—前771）来看，与王朝同时期，还存在数百小国。即便商王和周王可以号令这些小国，却也不能直接统治其百姓。君主直接控制百姓的体制，始于秦始皇。秦朝二世而亡，它和继之而起的汉朝被视为中国最早出现的两个统一帝国。东汉以后是魏晋南北朝。除西晋短暂统一外，这是一个分裂时期，少则两个国家，多则十数国并立。结束这一分裂时期的隋朝与其后的唐朝，被视为第二次统一帝国时期。

---

① 以鲜卑族为核心的人们。

若按照这种方式分析中国历史的走向，就很容易给人留下隋唐是统一帝国秦汉的进化版的印象。这种看法并不准确，因为隋唐帝国包含了区别于秦汉的新要素。

所谓的新要素是什么？秦朝首次统一的领土，在汉武帝时期不断扩大。在清王朝（1616—1912）进一步开疆拓土前，中国各个王朝的领土或扩张或收缩，其有力控制区域基本不出汉武帝统治时期的范围。同时，在帝国的北、西、南三面和东北方生活的各族人群，逐渐从属于秦汉帝国，或者直接迁入中原。这些族群在统一帝国衰落时，在中原组建自己的国家，其政治、社会和文化的强烈影响一直持续到隋唐。因此，不能断言隋唐是秦汉内在发展的结果。

诸族中尤为强大者，被统称为"五胡"。五胡具体所指存在争议，本书将沿用以匈奴、羯、氐、羌和鲜卑诸族为五胡的说法。

匈奴大帐设在蒙古高原，其势力在汉初甚至强于汉朝。公元前1世纪，由于内讧，匈奴西方部众将王帐西迁（后来被汉所灭）。余众在公元1世纪再起纷争，其中一支于公元1世纪中期内附，进入秦朝时修建、汉朝又增修的长城以内，向东汉称臣，接受其统治，史称南匈奴。剩下的北匈奴主力，因东汉及东方诸族的攻击而西迁，最终从中国的记载中消失。有说法认为，以他们为中心的集团似乎就是引起欧洲民族大迁徙的匈人。南匈奴本来被安置在鄂尔多斯地区，不久被迁至山西省中部，开始与汉人杂居。原本以畜牧为主的生活也开始向农耕生活转变。另外，羯族的族源众说纷纭，它应该属于匈奴系的一支。

氐族原本活动在甘肃省东南部，他们在东汉末年三国时期卷入纷争，被强制移居到关中（以渭水盆地为中心的地域）。本居于氐族西面和北面的羌族在东汉或降或俘，被迁入关中及其东部、北部地区。

中国史书中记载的"东胡"是和匈奴对立的族群，其中一支是生活在今中国东北的鲜卑。鲜卑在乌桓（后述）南下后南迁，又在匈奴远遁后进入蒙古高原。此后，鲜卑不断南移。促使这些游牧民族南下的原因，似乎是当时持续的气候变动——寒冷期。鲜卑包括多个集团（部），东部是慕容部、段部，以及原本为匈奴、后来鲜卑化的宇文部，他们不久都迁入长城以内；中部是拓跋部；西部是秃发部、乞伏部和吐谷浑部，主要在甘肃地区活动。

除了五胡，还有不少进入或包含在中原的族群。例如丁零，它曾隶属于匈奴，活动在蒙古高原北方。2世纪末以后，丁零逐渐南迁至长城附近，依附鲜卑，并涉足中原政局。其一部分族人迁到长城以南。同样依附过匈奴的乌桓，原本活动在今中国东北地区，地处鲜卑诸部以南。东汉时期，乌桓利用朝贡获得南下的许可，部分族人进入长城以内。他们在东汉末年因支持袁绍而受到曹操的讨伐，降附后被曹操纳入麾下，成为著名的乌桓突骑。此外，高句丽在3世纪中期被魏攻破都城，一部分高句丽人被迁到今河南省。这一时期，还有生活在长江流域、被统称为"蛮"的诸族，以及孙吴未能完全征服、被称为山越的人群等，这些族群不完全接受中原王朝的辖制。

　　因汉族势力的扩张而被纳入统治范围的诸族，他们的生活未必安乐。例如，匈奴在东汉时期称臣，原则上受使匈奴中郎将的节制，不过匈奴的首领单于依旧统领自己的部众，匈奴百姓也不用向东汉皇帝缴税。但是，到了三国、西晋时期，皇帝对匈奴的控制加强，南匈奴被分为五部，他们开始承担租税和兵役。西晋时期，匈奴在刘渊的带领下发起反抗，称："晋为无道，奴隶御我。"这一为了自立而鼓动部众的口号，或许有夸张的成分，但是也反映了匈奴所处的境况。通常，我们使用五胡诸族南下中原、建立政权的表述，但实际上，大多数胡族当时已经在内地活动了很长时间。诸族因不堪在内地受到的压迫揭竿而起，用"五胡起义"来描述当时的状况或许更加合适。

　　304年，刘渊自称汉王，同年，氐族賨部（又称巴族）李雄也在四川自号成都王，正式开启了五胡诸族纷纷建立政权的五胡十六国时期。308年，刘渊即皇帝位不久后病死，继任者为刘和，随后，刘聪发动政变，登上皇帝宝座。311年，刘聪命刘曜进攻西晋都城洛阳，掳掠晋怀帝至己方都城平阳（今山西临汾），313年将其杀害。尽管西晋众官僚在长安另立了愍帝，但西晋实质上已经灭亡。这一系列动乱被称为"永嘉之乱"，永嘉是西晋当时的年号。接着，刘聪又在316年攻入长安，俘获晋愍帝，并于翌年杀之。其后，琅邪王司马睿（晋元帝）在江南称帝，以孙吴旧都建业作为都城，改名建康，是为东晋。此后的一段时间内，南方以建康为中心由东晋统治，主体是汉人，北方则是五胡诸政权的天下。这里将五胡诸政权的兴亡整理为表序-1。灰色

表序-1　五胡时期诸政权

国名	族群	时期	君主称号	兴亡略记
汉·前赵	匈奴	304—329	皇帝	建国者刘渊，灭于后赵
成汉	氐	304—347	皇帝	建国者李雄，灭于东晋
后赵	羯	319—351	皇帝	建国者石勒，灭于冉魏
冉魏	汉	350—352	皇帝	建国者冉闵，灭于前燕
前燕	鲜卑（慕容部）	337—370	皇帝	建国者慕容儁，灭于前秦
前凉	汉	301—376	以"公"为主	始于凉州刺史张轨，灭于前秦
代	鲜卑（拓跋部）	315—376	王	来自拓跋猗卢王号，灭于前秦
前秦	氐	351—394	皇帝	建国者苻健，败于后秦而灭亡
后燕	鲜卑（慕容部）	384—407	皇帝	建国者慕容垂，灭于北燕
后秦	羌	384—417	皇帝	建国者姚苌，灭于东晋
西燕	鲜卑（慕容部）	384—394	皇帝	建国者慕容泓，灭于后燕
西秦	鲜卑（乞伏部）	385—431	王	建国者乞伏国仁，灭于夏
后凉	氐	386—403	天王	建国者吕光，灭于后秦
翟魏	丁零	388—392	天王	建国者翟辽，灭于后燕
南凉	鲜卑（秃发部）	397—414	王	建国者秃发乌孤，灭于西秦
北凉	汉→卢水胡	397—439	王	建国者段业，后沮渠氏夺权，灭于北魏
南燕	鲜卑（慕容部）	398—410	皇帝	建国者慕容德，灭于东晋
西凉	汉	400—421	公	建国者李暠，灭于北凉
夏	匈奴	407—431	皇帝	建国者赫连勃勃，败于北魏而灭亡
北燕	高句丽→汉	407—436	天王	建国者高云，后冯氏夺权，灭于北魏

格子是未被列入十六国的政权。以前秦为界，双线之上以灭国早晚排列，双线之下按建国早晚排列，以便展示前秦前后的变化。

从上表可知，用"五胡十六国"来描述当时华北（包括四川地区）的状况实际上并不准确。首先，华北诸政权的建立者不限于五胡。前凉、西凉实际上是汉人建立的政权，冉闵建立的魏国也是以汉人为君。北燕初代君主据称出自高句丽，后继者冯氏也多被视为汉人。丁零的翟氏也成立了一个小小的魏国（翟魏）。其次，政权不止16个。后赵末期冉闵僭国成立的魏（冉魏）、短暂存在的鲜卑西燕、北魏前身的代，以及前面提到的翟魏均未被纳入十六国。此外，还有在五胡诸国和东晋、南朝间生存的氐族仇池国（因难以处理，未列入表中。仇池国在今甘肃省东南部。参见第094页）。尽管如此，"五胡十六国"确实能够体现当时的政权多由非汉族建立的情况，基于这一意义，本书继续使用这一提法。

前秦皇帝苻坚曾一度统一五胡诸国，不过，383年苻坚远征东晋时，在淝水大败，结果华北陷入了更加混乱的分裂状态。五胡诸国的君主因实力差异而拥有诸多称号，或自称或受封。"皇帝"，还有与之匹敌（或稍逊一筹）的"天王"多是强国君主的选择。其次是"王"。称王多半代表政权独立的意志，但也有源自皇帝、天王授予的情况。更次一等的是"公"。例如前凉，宣称臣属于西晋和东晋，在很长一段时间都使用公的爵位，后来也称过王，甚至短暂称帝。总而言之，除了君主的好恶，主要还是政治力量关系决定君主的称号。在前秦统一华北以前，称皇帝者有前赵和后赵、前秦和前燕，它们都是同时期东西并立的强国。另外还有成汉，它的优势在于地处四川这个易守难攻的区域。但前秦淝水战败以后，情况为之一变。称皇帝者中，后秦、后燕还算是东西并立的强国，但其他实力较弱、国祚较短的政权也开始称皇帝、天王。386年，北魏建国，国力逐渐增强，自称皇帝。后秦、后燕和夏暂且不论，其他那些称帝的小政权，都免不了有妄自尊大的嫌疑。这一转变的原因在于当时对皇帝称号的理解出现了变化。

五胡政权的形态各异，但也有不少相似的地方。这些非汉族政权的共同点是：

（1）诸政权主要由北方系和西方系，原本以游牧、畜牧为生者建立；

（2）这些族群多数在父辈以前就已经移居中原；

（3）这些族群在进入中原后，依然维持原来的部族制；

（4）政权的主要统治对象是留在华北的汉人和本族以外的其他胡族；

（5）其结果是，各政权针对胡族和汉族实行不同的统治体制，形成"胡汉双重体制"；

（6）五胡诸政权基本短祚。

因此，对五胡诸政权来说，需要面对的问题有：

（1）即使已经熟悉农耕，但以畜牧为主的胡族如何统治汉族农耕民？

（2）如何与本族以外的诸族维持关系？

（3）如何看待自己的政权，并将其正统化？

（4）反之，对这些政权治下的汉人而言，如何应对五胡诸族的统治？

（5）最后，五胡诸族如何维持长治久安也是一大难题。

一定程度上克服以上诸问题的正是北魏。北魏及其后继政权（北朝）最终统治华北近两个世纪，并在此基础上孕育出隋、唐王朝。隋唐虽然也继承了南朝的制度和思维，但主要继承的还是来自北朝的传统。

本书将探寻北魏是如何应对以上诸问题的，并在此过程中思考孝文帝迁都的意义，以及北魏与隋唐之间的承续关系。

本书统称五胡、丁零、高车等为"胡族"。"胡"是基于汉民族思想诞生出的词。不过，这个词在当时普遍使用，所以本书将沿袭这个说法。但在主要指称北方骑马游牧民族时，本书也会使用"北族"一词。在引用史料时，本书将省略记载北魏王朝历史的正史——《魏书》的书名，仅标识纪（本纪）、列传、志的名称。《魏书》由北齐魏收撰写，在处理北魏分裂后的问题时，该书以北齐的前身东魏为正统，不承认西魏。尽管存在的问题较多，它依然是我们了解北魏最重要的史料。该书在流传过程中有缺失，现行本据唐代编纂的《北史》补足，本书将其一并归为《魏书》。另外，北魏皇室在孝文帝时改为汉姓元氏，而在此之前的时期，本书都使用"拓跋"的姓氏。

又，本节主要关注中原王朝扩张而吸纳周边诸族的情况，但另一方面，如果不指出汉人向周边地区的移动，则失之偏颇。随着汉武帝的开疆拓土，新国土不断被设置郡县。且不论规模大小，汉人在相当长的一段时间内都在不断地移居到这些地方。永嘉之乱后，华北成为各方势力角逐的战场，大量人口逃离华北。不少汉人向南方移动，成为支撑东晋、南朝的主力。而向东、北、西方的周边地区逃难的人也不少。例如，汉人张氏的前凉从核心地区武威郡（汉武帝时设立）分出8个县（此前未见的新县），设为武兴郡，用以安置新来的人口。根据《晋书·地理志》的记载，前凉新设的郡县并不止于此。近年，西安出土的唐《祢军墓志》，因有"日本"一词而备受关注。墓主祢军生于百济，实则其祖先是在永嘉之乱中"避乱适东，因遂家焉"的，他们是逃难到朝鲜半岛的汉族人。

第一章
孝文帝亲政时期的改革

一、孝文帝即位与文明太后

467年，北魏第六代皇帝献文帝的长子元宏在平城出生，是为第七代皇帝孝文帝。其母是汉人李惠之女李夫人。当时，北魏有子贵母死的惯例（参见第089页），也就是一旦被确定为皇位继承人，便杀死其生母，所以，孝文帝成为皇太子后，李夫人被"赐死"。

抚育孝文帝的，是文成帝（北魏第五代皇帝）的皇后文明太后（冯氏，"文明"是其谥号）。她当然不是献文帝的生母，所以只是孝文帝辈分上的祖母。

第四章将详细介绍，文明太后代替年幼的献文帝临朝称制。"临朝"即亲临朝堂，"称制"指代替皇帝发布政令。孝文帝出生后，文明太后曾一度宣称专心养育皇孙而还政于献文帝，但实际上，她一直向献文帝施压，迫使其传位给孝文帝而成为太上皇，最后甚至暗杀了献文帝。对北魏实际权力最高者文明太后而言，年纪轻轻的太上皇是个障碍。

可能觉得孝文帝今后也会成为掌权的障碍，文明太后一度有过除掉孝文帝的念头。她曾将孝文帝关禁闭，令其仅着单衣，三日不给吃食。据传，文明太后准备另立孝文帝之弟咸阳王元禧（《高祖纪》）。这个想法最终因心腹大臣的劝谏而作罢。

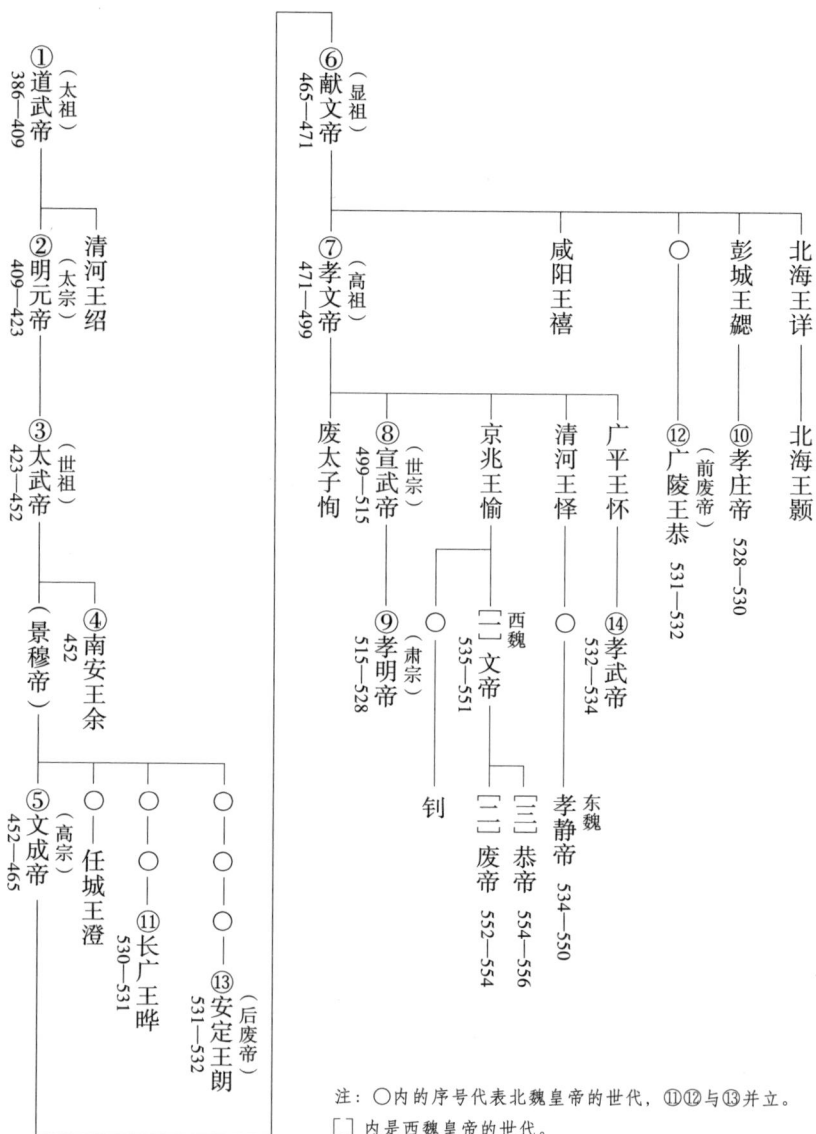

注：○内的序号代表北魏皇帝的世代，⑪⑫与⑬并立。
[　]内是西魏皇帝的世代。

图1-1　北魏和东、西魏帝系图

由此来看，对孝文帝而言，如何在太上皇（献文帝）死后与二次临朝称制的文明太后维持好关系至关重要。太上皇猝然离世时，孝文帝虚岁只有10岁，显然无法处理政务，所以当时的情况并不复杂。而一旦孝文帝成年，与一直称制的文明太后之间的关系便会日渐微妙。那么，孝文帝是如何应对的呢？

关于这个问题，历来存在两种看法。第一种看法是，太和十四年（490）九月，文明太后去世。史书记载，次年正月"帝始听政于皇信东室"（《高祖纪》）。因此，孝文帝在此之前并未亲政。不过这句话也可以理解为，服丧期间停止处理政务的孝文帝在丧期结束后重新理政。所以，这很难作为他此时首次执政的依据。

另一种看法是，根据《高祖纪》中"自太和十年已后诏册，皆帝之文也"的记载，孝文帝早在太和十年（486）便开始参与政事。不过，皇帝一般很少亲自撰写诏书，所以，孝文帝可能此前就已经理政了。总之，《高祖纪》中没有孝文帝何时执政的确切证据。

从《高祖纪》的书写格式来看，政治决策、指令均为"诏"。后来，孝明帝（第九代皇帝）之母灵太后执政时，发布的政令也称作"诏"。不过，这源于孝明帝特别发布过诏书，允许皇太后用"诏"（《肃宗纪》神龟二年）。在此之前，灵太后的指示均为"令"。可见，皇帝的"诏"与皇太后的"令"有明确区别。《魏书》列传中，文明太后的指示均记作"令"。由此看来，年幼的孝文帝在呈上的文书中写下裁可之语，然后这些文书才得以以诏敕的形式发挥效力。

然而，裁可和实际决定权不同。临朝称制的文明太后掌握着北魏政治的实权，孝文帝只能在形式上裁可。即表面上孝文帝在太和十年后开始签发诏书，但这些政策都是太后决定的。从史书的记载中看不出文明太后与孝文帝之间存在政治对立。这大概是因为孝文帝既没有决定权，也没有试图收拢权力。正是在这种平衡中，产生了臣下以"陛下""太皇太后"并称，或径称"二圣"的情况。

顺带讲一下文明太后的陵墓——永固陵。永固陵不在北魏之前历代皇帝和功臣埋葬的盛乐金陵，而是另建在平城北约25千米处，当时被称作"方山"的一个平坦台地状山丘的南面。这意味着太后没有与文成帝合葬，而是被单独葬在方山。现在可以从流经大同古城东侧的御河远眺这个山丘。我们或许可以从这种方位关系，推测永固陵选址的意图。在永固陵北面，有孝文帝为自己营造的陵寝——万年堂。它紧挨着永固陵，高度只有祖母陵墓封土的一半，据说是为了表达孝心。我们可以把它们视作两者实际权力关系的象征。但最终，孝文帝死后葬在洛阳邙山新建的长陵，没有启用万年堂。

不过，年轻皇帝可以参与的事务范围有了些变化。尽管因年幼而不能参与实质性的政事，但从《礼志》来看，孝文帝在太和二年（478）已经独自主持祈雨仪式，又在太和六年（482）祭祀祖宗七庙，以后的四季祖先宗庙祭祀都由皇帝亲祭。又太和十三年（489），孝文帝在圜丘（圆形祭坛）和方泽（方形祭坛）分别祭祀天地，并在仪式后召集群臣于皇信堂讨论祭祀细节，引经

图1-2　方山永固陵。2001年第七届中国魏晋南北朝史学会年会于大同市举办，该照片拍摄于与会者考察永固陵期间

据典主导会议。此外，史书还记载，在俸禄制制定后不久，也就是486年前后，孝文帝召集群臣，亲自问责地方官李洪之的不法行为（《酷吏传》）。这一行为应该出于皇帝的个人意志，背后看不到文明太后的影子。从以上事例可以推断，除了重要的政治大事，孝文帝在常规政务上具有一定的决策权。可见，太和十年（486）左右开始的一系列礼仪、祭祀改革（后述），应该都是由孝文帝负责的。其中一项是太和十年正月，在招待各国使节时，他开始穿着皇帝正式的礼服——衮冕。

不仅政务，孝文帝对文明太后基本事事顺从。但这个态度要说是完全屈从于太后的淫威，也不尽然。例如，孝文帝在文明太后死后5天内不饮不食，遵从儒家经典居于庐（丧葬仪式中使用的简陋茅屋），着丧服。他在大臣们的不断劝说下才在4个月后回归政务，而此后3年不饮酒，不食肉，不近女色。虽然无法断言这些行为是否出自真心，但我们可以看到孝文帝在有意识地践行儒家所推崇的礼仪。即使孝文帝没有实权，也肯定参与了文明太后执政时期颁布的均田制、三长制等重要决策，而且，这些决策与孝文帝此后的执政方针并不冲突。

以上讨论有些迂回，其主旨是：尽管孝文帝在亲政前已经分担了一些政务，但重要政事还是由文明太后决定。不过，这既不意味着孝文帝完全没有参与文明太后执政时期的决策，也不意味着这些政策与孝文帝的目标相悖。

孝文帝自太和十五年（491）正月开始亲政，亲政伊始便发布了一系列新政策。以下将考察这些政策。

二、从土德到水德

首先，孝文帝在这一年（太和十五年，491）确定了北魏的"行次"。中国古代有各王朝依照五德（木、火、土、金、水等古代认为构成万物的五个元素所代表的五种德性）顺序周次成立的思想（五德终始说），行次就是依据这一思想决定的本朝德运位次。

根据汉代中期以来沿用的五行相生说，木→火→土→金→水→木（循环往复）五德终始，相应德运的王朝依次兴亡。汉是火德，下一个王朝就应该是土德。因此，三国时期的魏国自称土德。继承汉的魏文帝制定的第一个年号为"黄初"，源自土德对应的黄色。随后定下年号的吴国孙权的首个年号是"黄武"，也与黄色有关。标榜汉室后裔的蜀自然不会使用与"黄"有关的年号，它的第一个年号是"章武"。

北魏建国阶段以"代"为国号，不久改成了魏。天兴元年（398），代王首次称皇帝，在这一年还重新讨论了国号，魏作为国号被延续，称土德。这表明北魏（代国）自认为继承了汉。但是这一认识后来发生了变化。新观点认为代国成立的契机是援助西晋，受封代王，所以理论上承晋更为合适。而且，在南方延续晋统的东晋于420年灭国，接受晋朝封号的代国（北魏）作为东晋属国的理论已不再适用。

在此背景下，太和十四年（490）八月，即文明太后去世前一个月，或许是出于个人意志，孝文帝发起了北魏行次的讨论。

关于行次，有两种意见。一种意见是汉为火德，魏为土德，西晋为金德，后赵为水德，前燕为木德，前秦为火德，前秦灭亡后兴起的是代国。代国没有直接上承西晋，两者间夹杂了五胡十六国中的一些强国。在这种理解下，北魏为土德。这与北魏初称皇帝时继承汉为土德的结果是一致的。

另一种意见是，拓跋力微、猗㐌、猗卢时期与西晋交好，西晋亡而代国兴。拓跋郁律（平文帝）至道武帝与后赵、前秦对抗，灭后燕（参见图3-2）。太和十六年（492）正月①，孝文帝最终认可了后者的意见，北魏作为西晋的继承者，行次为水德。这意味着北魏向自称继承西晋的东晋、宋、南齐发起了挑战，标榜自己作为统治者的正统性。

然而，水德说的一个重大缺陷在于，如何解释西晋灭亡至北魏帝国成立之间存在的间隔。解释这一问题的理论如下：原本汉的火德说就从五德更始中排除了暴虐的秦国，直接上承周朝。五胡诸政权无德，自然也不是西晋的继承者。周灭亡（前256）到刘邦称帝立汉（前202）之间的时间间隔，与西晋灭亡（316）到北魏初代皇帝道武帝以代王即位（386）之间的间隔基本相同。

本书不拟深究这个说法的合理性。我们关注的是它反映出的北魏自觉不同于其他五胡诸国的明确认知，并且这一认知在此后成为共识。五胡诸国被视为"世业促编，纲纪弗立"（《礼志》），因其存续短暂且毫无纲纪而被否定。而北魏的统治时间长，政权

---

① 《礼志》作十五年，这里依据本纪的记载。

根基稳固。孝文帝在这种认识上推行新政，努力延续统治，扩大领土，进一步完善国家体制。这次行次讨论的结果，仿佛预示了孝文帝今后的为政方针。

水德说还牵涉另一项改革——皇帝的庙号（君主死后供奉在宗庙中的牌位名号）。北魏建国时采用了这个传统制度（参见第083页），当时作为王朝创始者而被奉以太祖庙号的是平文帝。这成为一个问题。水德说的论者认为，尽管平文帝自有其成为太祖的理由，但是仅靠"西晋灭亡而代国强大"的解释，很难将其与道武帝的功绩相提并论。水德说无法像土德说那样给予平文帝"受命"（接受天命）的重要地位。按照水德说的逻辑，最重要的是以皇帝即位受命的道武帝。因此，孝文帝在开始亲政的太和十五年（491），即行次讨论结果确定之前，改以道武帝为太祖。道武帝原来的庙号是烈祖。孝文帝将道武帝尊为太祖的理由是："烈祖有创基之功……而远祖平文功未多于昭成[1]，然庙号为太祖；道武建业之勋，高于平文，庙号为烈祖。比功校德，以为未允。"（《礼志》）

行次改革还带来了新的政策。在行次确定的当年即太和十六年（492）一月，孝文帝发布了"诸远属非太祖子孙及异姓为王，皆降为公，公为侯，侯为伯，子男仍旧"的诏书（《高祖纪》）。拓跋氏宗亲中，只有道武帝及其以后诸帝之子能被封为王，其嗣子可以继承爵位。而道武帝以前的代王子孙，即使在北魏时期已

---

[1] 代国时期最后一位皇帝。

经封王，也会被降爵。受天命为水德的皇帝的子孙与此前的代王子孙不可一概而论，这一理论被毫不留情地贯彻实施。它的运用也明显地反映在迁都以后墓地的位置关系上（参见第036页）。进而言之，诸王可以享受特别的任官优待。这一措施很可能招致失去王爵或被降爵的部分拓跋族人的怨怼（实际上也确实存在），但亦由此可见孝文帝改革的决心。

另外，继承西晋、以道武帝为太祖的做法，意味着北魏采用了明确区分代国时期和北魏时期的历史观。在此之前，即使已经改国号为魏，石刻中仍多见"代"这个旧称，此后"代"则断崖式减少。

三、礼仪改革

前面提到了孝文帝在亲政前已经参与与礼仪相关的政务。本节即关注这些礼仪改革。具体展开前，首先回顾一下北魏初期的情况。

天兴元年（398）十二月，道武帝即皇帝位。在此之前的十一月，他命令后燕遗臣整备礼仪。次年一月，在平城南郊（都城的南面郊外）举行了祭祀上帝以告代祭天的仪式，也就是向上天报告建立新朝。这是遵循了中原王朝传统的仪式。天兴三年（400）一月，在北郊祭地。又天兴二年（399），太庙（祭祀皇帝祖先之灵的建筑）建成，始祖拓跋力微等代国君主的神主（牌位）迁入太庙。三年，道武帝在东郊祭日，首次行籍田礼（皇帝

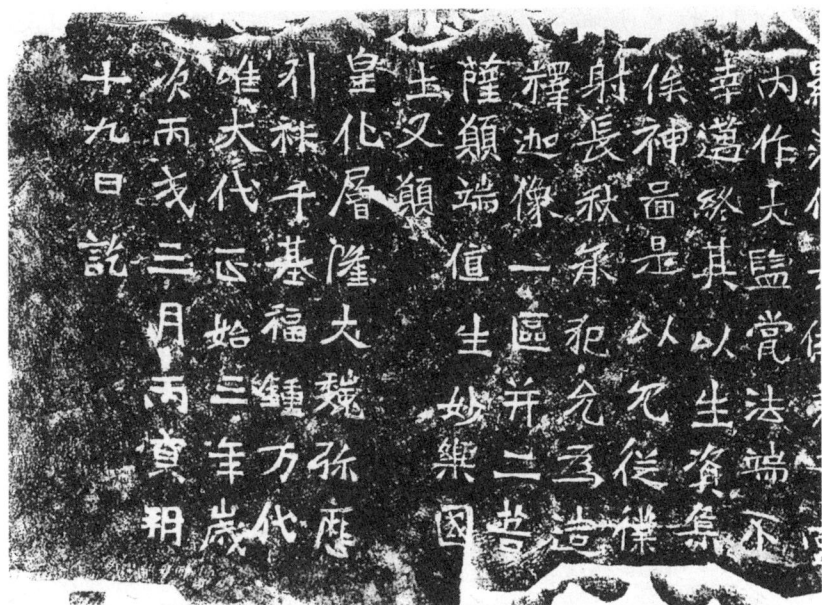

图1-3　刻有"代"国号的石刻《祀允造像记》(《中国书道全集》第二卷
《魏晋南北朝》，平凡社，1986年，图60)，图中倒数第三行有"大代正始
三年"（506）的字样

耕作的礼仪）。皇帝还在亲征后返回太庙告捷。由此看来，北魏在初期阶段，似乎已经完全采用了中原王朝的传统礼仪。但事实并非如此。南北郊祭祀天地不是皇帝亲祀的，而是由官员代行。金子修一认为，东晋南朝的南北郊天地祭祀基本均由皇帝亲祀，只有在皇帝无法亲临时才由官员代行，所以相比之下，道武帝对此并没有那么重视。又，延兴二年（472），也就是孝文帝即位不久，曾经发布诏令禁止女性参加孔庙祭祀，在汉族传统礼仪中，唯有男性才有资格祭孔（《高祖纪》）。由此可见，其他礼仪中也可能混杂了不少异质元素。还有十二月举行的小岁贺，也不是中原传统的礼仪。

不过，最大的不同还是皇帝亲自在平城西郊举行祭天仪式。《礼志》记载了天赐二年（405）四月西郊祭天的情况，据载，祭坛非圆形，而是方形，祭坛上安放了7座木主（木制牌位）。女巫首先登坛，击鼓后，皇帝及群臣礼拜。白牛、黄马、白羊等牺牲被献祭，接着，拓跋十族中选出的7人面朝西向木主奠酒。如此反复7次。又《南齐书·魏虏传》记录了南齐使者所见的迁都前西郊祭天的情形。该记载中，孝文帝身穿戎服，率领公卿20余骑绕坛。皇帝1周，公卿7周。次日，皇帝戎装登坛祭天，其后绕坛，皇帝3周，公卿7周。可见，西郊祭天与中原传统的祭天礼仪不同，具有浓厚的萨满教色彩。这一游牧国家时期鲜卑族举行的礼仪，在北魏君主称皇帝后，依然作为每年最重要的礼仪一直延续。值得注意的是，北魏的西郊祭天由皇帝亲自主持完成，而南郊祭天则由官员代行。其他重要的礼仪还有秋天在平城东北白登山祖庙中举行的祖先祭祀。

在以上背景下，孝文帝的礼仪改革首先从太和六年（482）的七庙亲祀展开。此前的北魏皇帝不亲自祭祀太庙。所以这次皇帝的亲祀，其衣服、牺牲、用具、音乐、程式等都按照"汉魏故事"重新定制。孝文帝经常亲自进行天地、太庙等重要祭祀，不避寒暑。史书没有记载他是从何时开始亲祀天地的，推测当在同一时期。

太和十二年（488），孝文帝在南郊建圜丘，次年正月在此祭天，又于五月在北郊方泽祭地，均为皇帝亲祀。这些礼仪依据的是东汉儒者郑玄的学说。郑玄认为，尽管都是在都城以南的郊外举行的祭祀，南郊和圜丘的祭坛有别，祭祀对象也不同。圜丘的祭祀对象是天，即昊天上帝，南郊则祭祀感生帝（青帝、赤帝、黄帝、白帝、黑帝，水德王朝祭祀黑帝）。两者的祭祀时间也不同，后者在冬至，前者在正月。同在都城北筑坛祭祀的北郊和方泽，祭祀对象和时间也不同。三国曹魏的王肃则认为，南郊和圜丘、北郊和方泽的祭坛两两相同，祭祀时间分别为冬至（南郊）和夏至（北郊）。晋、南朝基本按照王肃的说法祭祀天地，而孝文帝选择了与两晋南朝不同的形式完成这项最重要的国家祭典。三国时期曹魏的天地祭祀与郑玄说近似，孝文帝的选择可能是对曹魏祭祀的复古，但也可能是有意与南朝对抗，认为南朝因采用王肃学说进行了错误的天地祭祀，因而不具备正统性。史书记载太和十三年（489）一月祭祀不在南郊而在圜丘，但此后北魏的郊祀逐渐向郑玄说靠拢。在迁都洛阳后的太和十九年（495）十一月，孝文帝将洛阳南面的委粟山定为圜丘，举行祭祀。到了第八代皇帝宣武帝时，圜丘被移出洛阳城，移至方位正对宫城中心太极殿的地方。作为正统王朝的统治者，北魏的圜丘祭祀被赋予了重要意义。

从太和十五年（491）到迁都为止，北魏颁布实施了不少新礼仪。例如，太和十五年十二月在东郊举行了"迎春"（迎接春季时气的仪式），次年三月首次在南郊"迎气"（迎接夏季时气的仪式）。这些礼仪此后成为定制。另外，北魏还根据礼典于春分在东门外"朝日"（祭祀太阳）、在西郊"夕月"（祭祀月亮），这些祭祀此后也每年举行。此外，还行养老礼，并策划了大射礼。由此可见，尽管北魏建国之初制定了各种礼仪，但不少止于条款，至此才开始完善。相对的，不见于中原传统的小岁贺在太和十五年被废止，西郊祭天也在迁都的太和十八年（494）停止。白登山祖先祭祀开始由官员代行，皇帝不再亲祀。

与新礼仪并行的，是孝文帝对各种国家礼仪建筑的修建。明堂、辟雍于太和十年（486）动工，十五年落成，它们作为国家大典的举办场所而备受儒家经典推崇。十三年（489），都城内建了孔子庙，十五年改建太庙。十六年（492），拆除主殿太华殿，兴建太极殿。三国时期曹魏在洛阳修建了太极殿，五胡诸国时期它一直是宫城正殿，孝文帝为此特地派遣蒋少游到洛阳实地考察。太极殿与南郊圜丘在方位上南北相对，孝文帝似乎在平城时期就已经有意识地布置都城的中轴线。这些建筑的配置都沿袭了中原传统。

礼仪的举行离不开音乐。道武帝时曾一度整备音乐。不过如后详述，北魏前期的音乐受胡族、五胡时代西凉系音乐的影响颇深。到了孝文帝改革时，不论结果如何，北魏开始摸索着向汉王朝宫廷音乐转变，尽管前期的音乐特色仍有影响。

第二章
迁都后的改革

·····

孝文帝迁都后，陆续推出各种新政。前面讲到，孝文帝在亲政时期，已经着手把鲜卑色彩强烈的制度变革为中原王朝传统制度。本章将要介绍的改革内容牵涉范围更广，涉及生活的方方面面。

一、从"代人"到"河南人"

中国古代史书中，介绍人物的写法通常如："李顺，字德正，赵郡平棘人也。"（《李顺列传》）赵郡是郡名，平棘是县名，两者一起表示原籍，即户籍所在地（实际的户籍记载还包括郡县以下的单位）。但在南北朝时期，"赵郡平棘"不一定是户籍实际所在地。经历了大迁徙，或者官员久居都城、任所，这些人的户籍很可能已经离开原籍。然而，他们依然多自称旧贯。这是因为与名族、贵族沾亲带故具有诸多便宜。即便离开原籍，旧贯也具有社会意义。更有甚者，还会沿用已经成为历史的郡县名。另外，这个时期的行政建制中，郡之上还有州，但称籍贯时一般不称州名。

这些暂且不论，迁都以前，居住在平城及其周边的鲜卑诸族的籍贯一般记为"代"。"代"是郡名，没有具体到县。"代人"不是指本籍在代郡之人，而是指居住在平城及其周边的以鲜卑族为中心的集团。随之，这些"代人"大部分因迁都移居到洛阳而开始称"河南人"或"河南洛阳人"。河南是郡名，管辖以洛阳城为中心的地区，洛阳则是其下的属县。

移居洛阳之人死后不能归葬代地祖坟，而是被强制葬在洛阳。洛阳北面，黄河以南，有东西连绵的丘陵，名为邙山。正如唐诗吟咏的那样——"北邙山上列坟茔，万古千秋对洛城"（沈佺期《北邙》），此地自古以来就是坟场。其中北魏墓集中在北魏洛阳城西北方向。瀍水（瀍河）自北向南流过邙山台地，孝文帝的长陵和宣武帝的陵寝就坐落在瀍水西岸，瀍水东岸是北魏帝室的坟茔，皇子皇孙各支集中分布。皇室墓区外围是其他诸族高级官僚的墓地，也包括一部分汉人的。这就带来一个切实的问题——若夫妻双方一个已经葬在平城，另一方随迁都移居洛阳，这个人死后当葬在何处？孝文帝的意见是，若丈夫已经下葬平城，妻子在洛阳死后可返回平城合葬；但若妻子先葬于平城，则丈夫在洛阳死后不可葬回平城。看似基于尊卑原则，但是诏书中接着讲到，前者可将丈夫、后者可将妻子迁葬洛阳。可见孝文帝提倡的是以洛阳为葬所。北朝的一般情况是死后回原籍或祖墓入葬，当时称之为"归葬"。这虽是汉人的风俗，但对"代人"而言，无法回归祖坟也一样痛苦。从这一强制措施可以看出孝文帝迁都意志之坚决。

由"代人"变成新"河南人"的大都是原平城中央军及其家属。太和十九年（495），"诏选天下武勇之士十五万人为羽林、虎贲，以充宿卫"（《高祖纪》），他们摇身一变成为近卫军的一员。

另外，留在平城的旧"代人"的户籍则被归入恒州、燕州下辖的郡县。

图2-1　孝文帝陵（长陵）位于今河南洛阳孟津区官庄村，封土高35米。左侧可见文昭皇后高氏陵，墓中出土了高氏墓志

二、墓志

邙山的北魏墓葬中出土了大量墓志。与东汉时期出现的墓碑不同，墓碑树立在墓冢旁，墓志则埋在地下的墓室内。一般认为墓志出现在西晋时期，其中一些墓志已经包含与后世墓志相同的行文要素，但是比例并不高。此后的东晋和五胡诸国时期，墓志字数渐少，东晋甚至出现很多砖制墓志。南朝刘宋以后，墓志的刻石变大，相应的字数也变多，记载更为丰富。其内容，首先是标题（志题），其次是序（占据墓志主体），涵盖墓主姓名、本籍、祖先、资质、履历、殁年、殁地、下葬日期、葬所等内容，最后是押韵的铭（铭辞）。其行文结构与后世墓志基本一致。但当时的墓志格式不定，直到梁代才固定下来。

迁都以前的北魏墓志记载内容有限，字数少，基本没有铭文（五胡诸国时期的墓志亦如此）。墓志形制也不定，既有小型墓碑形状的，也有宽扁的，且目前发现的墓志不多。而太和十九年（495），也就是迁都后不久埋葬的冯熙（文明太后之兄）的墓志和次年下葬的南安王元桢的墓志则突然变得内容丰富，还带有典雅的铭文。此后墓志的内容日渐充实，铭文（四字一句）的句数增多，因而整体字数增加，标题也完整起来，记载内容的先后次序亦基本固定。等到迁都约20年后，北魏墓志基本定型。不仅在邙山发现的墓志如此，其他各地出土的墓志也呈现相同趋势。

以迁都为契机，格式整齐的墓志骤然出现了。即使考虑到此前的墓志或许没有被充分发掘，我们也可以发现，原本没有

图2-2 《元桢墓志》(《中国书道全集》第二卷《魏晋南北朝》，平凡社，1986年，图64)。元桢是景穆帝之子，获封南安王。景穆帝为太武帝的皇太子，即位前去世。元桢殁于太和二十年（496），葬在邙山。该墓志属于迁都后最早制作的一批墓志

制作墓志习惯的拓跋一族开始统一制作墓志。我认为，这是因为北魏政权的典范作用（即一种鼓励）。最近发现的《冯熙墓志》（图4-4）全文共328字，铭辞24句，偶数句押韵工整。《冯熙墓志》是由孝文帝亲自撰写的（《冯熙传》），我认为该墓志可能是此后墓志的范本。至少在一段时间内，皇子们的墓志与冯熙墓志的格式相似。

即使是孝文帝，也不可能突然完成《冯熙墓志》那样的文章。参与孝文帝南伐，在军中与冯熙同年去世的冯熙之子冯诞，先于其父葬在洛阳。有研究指出他的墓志可能也是孝文帝所作，但冯诞墓志仍是迁都以前的墓志风格。可能孝文帝在撰写《冯熙墓志》时，学习了南朝的墓志。当时，出身南朝第一高门琅邪王氏的王肃亡命北魏，大概是他向孝文帝介绍了南朝墓志的情况。不过，孝文帝学习南朝墓志，恐怕并非因为它更先进。相较南朝墓志的内容，孝文帝对志文有一定取舍，可能是基于他特殊的认知而撰作的。关于这一点，将在下面服汉服、说汉语的章节中详述。

三、禁胡服胡语

太和十八年十二月（495年初），孝文帝在进入洛阳后，随即下令禁止胡服（主要为鲜卑服饰）。游牧民日常骑马，战斗时也是骑射，因此贴身窄袖的短上衣和长裤更符合他们的需求。鲜卑人还习惯戴一种形状特别的帽子，当时被称为鲜卑帽。而汉族统治阶层的服装则是褒衣博带，大袖翩翩，男性戴冠。两者迥然有别。尽管孝文帝没有强制易服，但是在满朝着朱服（汉族官服）的官员中，只有宗室长老元丕（代王翳槐子孙）着常服，即胡服（《元丕传》）。可见，正式场合中很早就贯彻了胡服禁令。元丕此后虽依然着胡服，但也开始穿戴中原冠带。

不过在非官方场合，胡服禁令似乎还难以深入人心。太和二十三年（499）初，孝文帝南伐回到洛阳后，发现了着胡服乘车的女子，便诘问官吏不作为。任城王元澄辩白道，着胡服者少于不着者。这一回答反映出，当时胡服禁令没有完全渗透到民间。

因生活方式不同而产生的服装差异，本就不能通过一纸诏书简单抹平。《资治通鉴》称"国人（代人）多不悦"，这是必然的。但孝文帝把服饰改换视为牵涉国家统治根基的问题。他曾询问臣下："营国之本，礼教为先。朕离京邑以来，礼教为日新以不？"对有人称已经改善的回答，孝文帝引出了上面车中胡服女子的问题（《任城王元澄传》）。可见其心目中服饰改革的重要性。将街头的胡服女子视为一个问题也正缘于此。这既非孝文帝迫切希望汉化，也不是他过于神经质。

另外，鲜卑族的发型也很特别，编发垂于脑后。因此，北魏被南朝嘲笑为"索头虏"（将头发编得像绳子一样的夷狄）。南朝梁代编修的《宋书》中有《索虏传》，专门记载北魏的历史。胡服禁令中应该也包含发型。

禁胡语也被视为牵涉礼教的一环。太和十九年（495）六月，诏令"不得以北俗之语言于朝廷，若有违者，免所居官"（《高祖

图2-3　胡服俑（镇墓武士俑），身着甲胄，箭袖上衣，裤装（太原市文物考古研究所编《北齐娄叡墓》，文物出版社，2004年，图27）

纪》）。不过，考虑到不同年龄语言学习能力的差异，行政处分对象仅限30岁以下的官员。"北俗之语"自然以鲜卑语为主，也包括其他胡语。

北魏朝廷原本数种语言并用。有些汉族官僚，例如李冲就认为"四方之语，竟知谁是？帝者言之，即为正矣"。然而，孝文帝依然坚持禁胡语，一从正音。他认为只有汉语才是唯一的"正"，并将语言联系到礼教的践行。改说汉语被孝文帝视为实践礼教的突破口，"若仍旧俗①，恐数世之后，伊洛之下复成被发之人"，他极端地认为若不如此，子孙终将夷狄化（《咸阳王元禧传》）。

此前一直引用的"诏敕"或"诏"都是用汉字写就。然而，北魏的朝廷和官厅并不只使用汉语。从上面的记载来看，尽管北魏在迁都阶段已经建国百余年，但上层胡族依然有人不会说汉语，下层不会说汉语者更多，能阅读汉文者自然少之又少。诏敕一般以书面传达，有时也口头传达。很可能在孝文帝以前，这些诏敕、命令多以鲜卑语发出，再翻译为文雅的书面汉语来颁布和记录。

这涉及一个重要问题——北魏时期是否存在表记鲜卑语的文字？《隋书·经籍志》中冠以"鲜卑""国语"之名的书籍有13种，如北周武帝撰《鲜卑号令》、后魏（北魏）侯伏侯可悉陵撰《国语物名》等。"国语"即（拓跋部使用的）鲜卑语。《世祖纪》记载太武帝始光二年（425）"初造新字千余"。对此存在两

---

① "旧俗"，从语境看指语言，也可理解为包括语言在内的各种习惯。

种解释，一种认为北魏发明了表示鲜卑语的文字（鲜卑文字），一种认为只以汉字转写鲜卑语发音。文献史料自然都用汉字书写，大量留存下来的北魏时代石刻史料也全部使用汉字，没有发现类似鲜卑文字的痕迹，因此可以认为当时应该没有制作所谓的鲜卑文字。始光二年的"新字"不是鲜卑文字，而是转写鲜卑语发音时对应的新汉字或者改变了部分结构的汉字。

四、变胡姓为汉姓

太和二十年（496），孝文帝下诏改拓跋为"元"姓。大概与此同时，其他胡族也被要求改姓。

由于汉字一字一音的特点，胡族的部族名、姓名在转写为汉字时，必然会需要数个汉字。"拓跋"可能就是类似 to-pa 的发音直译。各族成员所属的部族名成为他们的姓。而汉族除了少数如司马、诸葛等复姓，一般为单姓。名则为一字或两字。

《魏书》中的《官氏志》属于独创，不见于其他正史。这一合并了《百官志》和《氏族志》的特殊史志，记载了诸族胡姓和改后的汉姓。除拓跋氏外，再举几个例子：丘穆陵氏改为穆氏，步六孤氏改为陆氏，独孤氏改为刘氏，也有乙旃氏改为叔孙氏等两字姓的特例。尽管也有像慕容氏那样未改姓者，但北方系臣属于北魏的诸族大多改了姓。至于名，虽然迁都前也有一字名，但两字、三字者占绝大多数。姓与名合起来多至四五个字。例如，《宋书·索虏传》中有独孤侯尼须，独孤是姓，侯尼须是名。通过汉字姓名可以立刻判断出他是胡族（当然从发音上也不难辨别）。然而，此人在《魏书》中记作刘尼。像刘尼这样的改姓诏书颁布前的人物，《魏书》记载的也是他改姓后的姓氏和名字，这样的例子还有很多。

需要注意的是，并非所有胡族都需要改姓。与改姓者同族却未改者有很多。例如，后文将出现的镇戍六镇之人就没有改姓，北魏政权下负责畜牧的人似乎也没有改姓。又生活在西方的氐族、羌族，原本就以单姓居多，如苻、姚、杨等，他们在北魏时期成为地方官员后也多未改姓。另外，聚居于今山西省的匈奴系诸族，因早已改为"刘"等汉姓，也不属于改姓对象。

因此，后人很难判断这一时期记录中的人物是胡人还是汉人。我们可以看到很多改姓后的姓氏与汉族姓氏相同的情况，甚至有人改姓后冒认汉族祖先。对此，姚薇元的《北朝胡姓考》十分有助辨别，但还有很多难以判断的情况。

五、官制改革（一）——消失的内朝官

本节的主题是迁都前后的官制改革。孝文帝亲政伊始，就下令讨论修改律令，次年新律令编修完成，《高祖纪》中称："班新律令，大赦天下。"不过延昌年间（512—515），孙绍在上奏中又称："先帝（孝文帝）时，律令并议，律寻施行，令独不出，十余年矣。"（《孙绍传》）可能当时颁布的太和令并不完整。职是之故，太和十七年（493）又颁布了21卷的《职员令》。《官氏志》

中称："太和中高祖诏群僚议定百官，著于令。"其后附有官品表，表的内容应该就来自《职员令》。宫崎市定将其称为"太和前令"。冠以"前"字是因为此后又制定了新令，即太和十九年（495）颁布的新的品令（"太和中令"），其内容不存。孝文帝还预备修订《职员令》，据《官氏志》记载，新令制定于太和二十三年（499），但未及实施孝文帝就去世了，下一任宣武帝施行的官品表显示了其内容。宫崎市定称之为"太和后令"。

短短数年间3次发布《职员令》，反映出这一时期北魏官僚制度发生了剧变。孝文帝在诏书中指出："事迫戎期，未善周悉。虽不足纲范万度，永垂不朽，且可释滞目前，厘整时务。须待军回，更论所阙，权可付外施行。"（《高祖纪》）太和十七年的《职员令》制定仓促，未能充分反映孝文帝官制改革的意图，因而它不断被修改。而孝文帝的意图也更多地体现在后令里。

那么，前令和后令有何区别？首先，前令中记载了很多不见于魏晋南朝的官职，例如侍御中散、中散等。

在此回顾一下孝文帝改革以前的北魏官制。代国时期，代王下有郎中令、左长史等，待皇始元年（396）称天子，并占领后燕并州以后，北魏设置了仿照中原王朝制度的中央和地方官僚体系。但这是因为统治区域突然扩大，为了迅速吸收后燕官员而采取的紧急措施，并不完善。因此在两年后，北魏利用后燕系官僚修订了官制。当时制定的官制没有留下详细记载，但是从个别任官的例子可以推测它与西晋官制基本一致。从某某将军这类将军号来看，在太武帝时期，除了少数五胡政权中出现的新将军号和北魏特有的将军号外，基本上都是西晋以来就存在的。而且，各种将军号的序列也和西晋的几乎一致。地方上的建制，如州设刺史、郡设有太守、县设县令，北魏也与西晋相同。

从以上叙述来看，北魏的官僚制度似乎与中原王朝制度别无二致，但实际情况并非如此。即使官职的名称相同，其作用也未必一致。例如尚书省，在三国曹魏以降就是行政中枢，而北魏的尚书省不仅一度被废止，制度也不断变化。太武帝时期，通常分为五部或六部的尚书省竟然下辖20多个部，其中有南部尚书、北部尚书等不见于其他王朝的部署名；还有如殿中尚书，主要负责指挥皇帝身边的侍卫，虽有尚书之名，却承担着不同于其他朝代的尚书之职。虽然这些尚书未必归于尚书省，这样的尚书省构造在孝文帝改革以后便消失了。再如门下省，它原本是随侍皇帝的应对顾问，后来逐渐掌握了尚书省上呈文件的审查权。北魏门下省的审查职能被削弱，反而尚书省高官多被同时授予侍中之职，这本是门下省的长官。再如主要负责起草皇帝宣发诏敕的中书省，在这一时期，其作用更接近于把已经议决的内容用诏敕的格式表达出来；此外，中书省还掌管中书学（由国子学更名而来）；又太武帝时期曾下诏，有疑狱皆付中书，由中书根据儒家经义量决。

郑钦仁、川本芳昭等学者的研究揭示了更重要的区别。前者关注带有中散名称的一系列官职；后者则关注宿卫禁中的三郎，以及内将军、内行阿干等冠有"内"或"内行"的官职，这些官职一般被定性为内朝官。中原王朝的内朝指的是皇帝处理政务和日常起居的空间，在这一空间内工作的官员为内朝官，在内朝之外办公的官员是外朝官。西汉中后期，带有统辖尚书之职的官员开始掌控行政中枢，造成内朝与外朝的对立。另外，汉代护卫皇帝的郎中等郎官也是内朝官（尚书后来被外朝官化）。北魏特有的内朝官随侍皇帝，出纳皇命，应对顾问，职能与汉代以来的内朝官相近。因此研究者称之为"内朝官"。然而，北魏内朝官的特色在于侍从护卫皇帝的部署繁复，且有监察外朝（包括地方官）之任。皇帝通过内朝官掌控外朝。例如，从文献史料来看，尚书省的官职，除魏晋以来的尚书、郎中外，还有带有大夫、给事之类名称的官职，这些应该都是内朝官。

北魏就任这种独特的内朝官的例子非常多。1997年，山西省灵丘县发现了题为《皇帝南巡之颂》的石碑（《文成帝南巡碑》）。该碑是为了纪念和平二年（461）北魏第五代皇帝文成帝南巡时在此地竞射而树立的，碑阴刻有参与巡行的280余人的官职、姓名。全部7段铭文中可辨识的官职有202个，除了第2段是只带将军号的宗室诸王和尚书省等外朝官员，其他几乎都是北魏特有的内朝官，且很多在传世文献、墓志中未见。有趣的是，第1段末行记载"右五十一人内侍之官"，将这些人与其他内朝官区别开来。这些人中，除了当时的权臣太原王乙浑、司徒平原王陆丽等之外，还有既无爵位又未带将军号、头衔仅是"内行内小"的20人。可见与官职地位无关，他们只因侍奉皇帝而被优先记录，与其他的内朝官判然有别。因此有观点认为，不应把这些内侍官与主要承担护卫之责的官员混为一谈，不过，本书暂且把他们都视作内朝官。

图2-4　《文成帝南巡碑》所在地。唐河从群山环绕的小盆地北部向东蜿蜒
而去，这处河湾内的台地就是御射台。原碑现保存在附近的觉山寺内

值得注意的是，正史中留名的胡族官员，大都在为官初期担任过内朝官。可能当时的胡族权贵子弟需要首先以内朝官的身份侍从皇帝（也有汉人出任内朝官的例子，但并非必要，且多为中途就任，而非初任官）。

数量庞大、职任关键，且对晋升颇为重要的内朝官在太和前令中尚存身影，在后令中则完全消失。这是因为北魏的官制已转变为中原王朝式（不过皇帝的禁军组织尚保留了一部分独特性）。尚书省、门下省、中书省的组织结构和执掌，也变得与晋、南朝近无二致。前文指出太和前令没有充分反映孝文帝的意图，主要原因可能在于保留了北魏独特的内朝官，而与之相关的三省体制也还没有完成调整。

《魏书》中记载了很多"中散""某某中散"的内朝官。这些原本是源自鲜卑语的官职，《魏书》在记录时选用了职能相近的中原王朝官职"中散大夫"进行转译。同样，《文成帝南巡碑》中的一些官职，在《魏书》中也被替换为其他王朝常见的"羽林""虎贲"等。此外，前文所述文献中记载的"给事"，也出现在《文成帝南巡碑》上，或冠以尚书省辖下的部门名，或冠以其他部门名。

六、官制改革（二）——九品官制的完善

太和前令与后令还有其他不同。将官职分为以"品"为称的九等始于曹魏时期，这些等级被称为官品，一品地位最高，品数越高地位越低。一品至九品官属于流内官，九品以下另有其他职

位，是为流外官。西晋、东晋、宋、齐一直沿用九品官制，孝文帝的改革也是以九品官制为基础的。太和前令中，九品又分正、从，如正一品、从一品，正、从之内再分上、中、下。这些区分是谓官阶，合五十四阶。太和后令中，一品至三品仅分正、从，四品以后正、从之内再分上、下，合三十阶。太和前令中，各官阶内官职数量分布较为不均，存在大量官职集中在某一官阶的情况。对此，宫崎市定推测当时只是把所有官职都纳入九品，未及整理。太和后令中人数较少的三品以上官阶仅分正、从的做法相对合理。此后九品三十阶成了官品定制，被北齐、隋、唐继承。

这里再做一些补充。508年，与孝文帝改革几乎同时，南朝梁武帝也进行了官制改革，即天监官制改革。天监官制中流内官的品级称"班"，并从九扩充到十八，即十八班。班数大小、地位高低和九品官制正相反。十八班最高，一班最低。但这并不意味着品级消失。梁代仍然保有官品早为学界所知，但近年的研究表明，梁的官品内还有正、从和上、下的区分。这样一来，它与孝文帝改革的相似性就成为问题，进而产生了谁模仿谁的争论。北魏的官品在太和前令时就已经区分了正、从和上、中、下，后令是对前令的梳理，且没有明确证据显示梁的官制改革也分三十阶。因此，笔者倾向于认为北魏的九品三十阶是孝文帝的创制。

在官品的合理分配上，后令还将前令中七品以下的官职全部剔除，原六品及以上的官职被重新划为九品。被剔除的七品以下官职又分为九等，也就是"流外勋品"（图2-5）。太和十九年（495），孝文帝在群臣面前指出："当今之世，仰祖质朴，清浊同

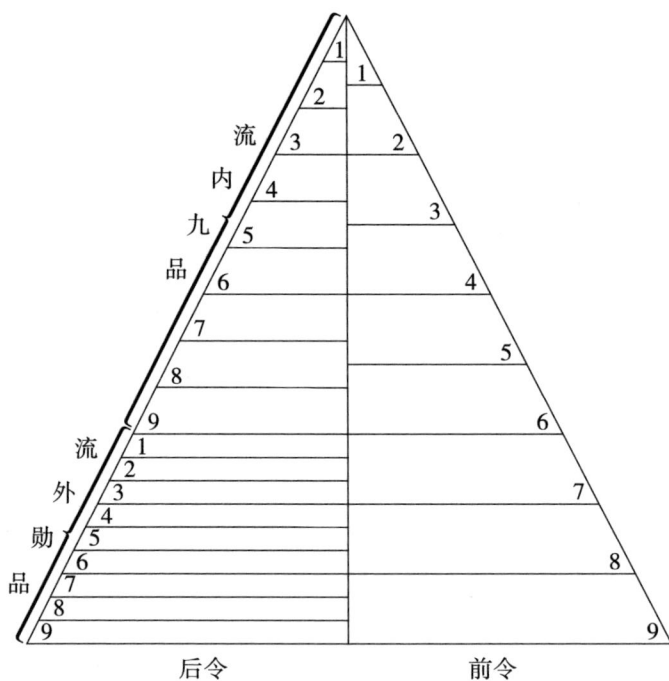

图2-5 孝文帝改革带来的官僚金字塔结构变化。宫崎市定认为："官僚制越上层职位越少，越下层职位越多，呈现出金字塔形态。"（《九品官人法の研究》，第399页）本图在宫崎市定绘制的太和前令、中令、后令金字塔图示的基础上省去了中令

流，混齐一等，君子小人，名品无别，此殊为不可。"（《刘昶传》）他认为官职未分清浊是个问题。我们可以看到后令中有意识地区分了官职的清浊。但目前只知道一小部分官职属于"第一清"至"第三清"，大部分官职的清浊还不甚明了。

官职分清浊是伴随两晋南朝贵族制度的建立、发展而出现的现象。贵族出任的官职和非贵族出任的官职被严格区分，前者称清，后者称浊。贵族不愿就任浊官，如果上一级的清官无空缺，他们宁可出任低一级的清官。北魏从来没有清浊的观念，孝文帝试图进行改变。

孝文帝的做法当然受到了一些南朝贵族制的影响，但这并不意味着他准备全面引入南朝的贵族制。在分析这个问题之前，先介绍一下孝文帝分定姓族。

七、定姓族

与官制改革相呼应，孝文帝于太和十九年（495）下令分定姓族，具体措施如下。

（1）穆、陆、贺、刘、楼、于、嵇、尉等"八姓"（勋臣八姓）与"四姓"同等对待。

（2）部落大人子孙，皇始（396—398）以后三代内，①官职在给事以上，及州刺史、镇大将，②或有王、公爵位者，为"姓"。

（3）非部落大人子孙，皇始以后三代内，①官职在尚书以上，②或有王、公爵位者，为"姓"。

（4）部落大人子孙，皇始以后三代内，①在中央担任中散监以上，在地方为太守、子都将，②或有子、男爵位者，为"族"。

（5）非部落大人子孙，皇始以后三代内，①在中央担任令以上，在地方为副将、子都将、太守，②或有侯以上爵位者，为"族"。

《官氏志》称："于是升降区别矣。"

这显然是针对以鲜卑族为中心的各胡族的措施。（1）是受到特别优待的"代人"中的"八姓"。他们被规定在任官时与汉族"四姓"的待遇相同。对汉族"四姓"的理解大致分为两种：一种认为"四姓"指汉族最高等级门第的清河崔氏、范阳卢氏、荥阳郑氏、太原王氏（也有说法以赵郡李氏替换荥阳郑氏，或者加上李氏为"五姓"）；另一种认为"四姓"指的是被划分为四等的汉族门第，即甲、乙、丙、丁四姓（详见后文）。从（2）以下的待遇来看，明显（1）受到了特别优待。这些人不太可能与甲、乙、丙、丁四姓的任官待遇相同，因此这里的"四姓"应该指的是汉族最高门第。此外，还有帝室十姓，他们未出现在诏书中，但作为皇室宗族分支，大概与勋臣八姓待遇相等。帝室十姓、勋臣八姓以外的诸姓，又大略按照是否为部落大人子孙，及道武帝建国以来三代的官、爵来确定姓、族。

定姓族的理由如诏书所言："代人诸胄，先无姓族，虽功贤之胤，混然未分。故官达者位极公卿，其功衰之亲，仍居猥任。"（《官氏志》）为了改变这一状况，孝文帝定姓族，并以此作为任官的标准。

　　这一举措与吸收南方汉族政权的贵族制不无关联。但如下节所述，北魏的贵族制不是对南朝贵族制的简单复制。这里我们先关注是否为部落大人子孙成为判定门第的标准之一的问题。这一条件确实重要，但不是决定性因素。无论是否为部落大人子孙，成为姓、族的家族，首先需要连续三代维持一定的官职或爵位。换言之，祖先获得的政治地位高低对门第高低意义重大。

　　还需要指出一点，北魏对汉人士族也进行了门第划分。从（1）可以推断，在"代人"等诸族定姓族之前或同时，需要划定汉人士族的等级。这意味着，无论"四姓"指四个家族还是四个等级，都得到了北魏朝廷的认可，这点非常重要。笔者认为，与胡族"勋臣八姓"对应的是汉族"四姓"，同样，胡人的"姓"对应汉人的"甲姓""乙姓"，"族"对应汉人的"丙姓""丁姓"，且汉人士族门第的认定也依据父祖三代的官爵。

　　要言之，孝文帝的目标是引入统合汉人和"代人"的新贵族制，但同时这也很大程度上取决于父祖三代的政治地位和身份。

　　定姓族还涉及孝文帝的婚姻政策。孝文帝在分定姓族后，开始鼓励同一等级的胡汉家族通婚。他亲自为6个弟弟（王）选妃（此前所娶的王妃因家族门第较低而降格为妾）。新选的6名王妃中，荥阳郑氏2人，范阳卢氏1人，"四姓"之家占了一半，另外还有陇西李氏2人。这里的陇西李氏出自五胡诸国时期西凉君主李暠，其曾孙李冲在孝文帝时期十分活跃，其族随之兴盛。而"代人"中只有1人被选中，出身于"勋臣八姓"之一的穆氏。如此看来，这种胡汉通婚似乎不够平衡，不过从墓志展现出的大量婚姻关系来看，当时上层胡汉家族之间的通婚十分普遍。

顺便提一下，门第认定是一项非常艰巨的工作。中正官是维持九品官人法（九品中正制）运作的基础。史料中北魏前期州郡的中正官非常少，后期记载事例大量增加。他们应该在门第认定中扮演了重要角色。

八、官制改革（三）——引入门阀制

回到孝文帝官制改革的话题。将军号在这一时期具有重要意义。像平西将军、安东将军这些将军号原本用于标示军队指挥权，但随着大量设置将军号，情况发生了变化。西晋时期将军号被划分到各个官品，将军号之间也开始具有高下之别。

北魏前期也比照西晋设置了将军号序列。前期的将军号按照军功授予，也可世袭。将军号根据功绩大小获得，再因功绩的累积晋升其等级。将军号升至五品时，开始授予爵位（男爵）。其后功绩主要反映在爵位的上升，不过因功绩有高低，其差异通过将军号进行调节。例如，同等爵位，在将军号上有平东将军和安东将军的区别。另外，五品以上的功绩还包含政绩的考量。

孝文帝的改革进一步强化了将军号的这种功能，直接将其用于标示官员的地位（唐代的散官具有同样作用，散官非实职，只用来表示官员的品阶，分为文散官和武散官）。不仅武官，文官也可带有将军号（标示中央军将领的内号将军除外）。将军号与

图2-6 冠军将军印，河北省景县封魔奴墓出土（罗福颐主编《秦汉南北朝官印征存》，文物出版社，1987年，第418页）

其他官职一样具有官品，分散在其他官职之间。官员晋升时，以官品或将军号上升的形式表现。正四品以下品级之间为一阶（即第六节介绍的九品官制三十阶的"阶"），例如从五品与正五品之间相差一阶。从三品以上，将军号之间以"半阶"计算（如平西将军与安东将军相差半阶，参见表2-1）。一般情况下，晋升幅度为一阶。通常根据定期考课（工作评定）来决定官员品阶上升与否。假如A以正七品开始为官（被称为"起家"），同年B以从七品起家，若两人都没有经过特别的晋升或处罚，那么若干年后，他们之间的官品很可能依然维持着一阶之差。尽管这是一个理论性推导，但从墓志和正史记述来看，这种情况实际存在的概

表2-1 正四品以上诸将军号

官品	将军号
正二品	骠骑将军、车骑将军
	卫将军
	四征将军（征东、征南、征西、征北）
从二品	四镇将军（镇东、镇南、镇西、镇北）
	中军将军、镇军将军、抚军将军
正三品	四安将军（安东、安南、安西、安北）
	四平将军（平东、平南、平西、平北）
	前将军、左将军、右将军、后将军
从三品	征虏将军
	龙骧将军、辅国将军、冠军将军

注：以上诸将军号均相差半阶。

率很高。这种高度体系化的升迁系统便是由孝文帝构筑的。当然特例也不少，但其多半存在一些特殊原因，"通常情况下"官员的迁转是按部就班进行的。

《通典》卷十六记载了清河王元怿的上表，称孝文帝时期的制度是"出身之人，本以门品，高下有恒"，明言起家官由门第决定。也就是说，定姓族后的门第决定了起家官品阶。以门第定起家官，此后的晋升之路程式化，结果门第高者获得更高的官品，然后其子又以更高的官品起家，这就是门阀制。

日本的中国史研究通常认为，魏晋南北朝至隋唐时期存在贵族制，其中东晋南朝那种典型的、高度发达的贵族制与官僚制密不可分。孝文帝试图从南朝引入的贵族制，也因此带有浓厚的门阀制色彩。

不过，孝文帝的改革还存在另一面，即起家官之间的品阶差异不大。根据笔者的研究，孝文帝改革以后，除部分宗室和极少数胡汉家族外，胡族"勋臣八姓"、"姓"族和汉族"四姓"、"甲""乙"姓均以正七品官起家，胡族"族"姓与汉族"丙""丁"姓以从七品官起家。门第差异带来的起家官品阶的高低只有一阶之差。如前所述，官员通常按照一阶的步调晋升，如果因特殊情况而获得破格提拔的话，很容易突破这一阶的差距，甚至可能出现逆转。可见这并非单纯的门阀制。从实际任官情况来看，考虑到"四姓"的总体人数较少，我们可以发现尽管"四姓"晋升至高级官僚具有优势，但还是有其他出身者跻身其中。

顺带一提，在孝文帝改革相近时期，南朝进行的以"班"为基本结构的官制改革，晋升方式也是依"班"逐阶上升。这与孝文帝制定的"阶"的结构类似。但是，南朝官员即使处于同一"班"，因起家官的官职不同，其后的晋升路线也会不同。南朝的将军号也不授予中央官。更重要的是，南朝没有像北魏的定姓族那样由国家决定门第的等级。可见南朝与北魏后期的贵族制（门阀制）相当不同。

九、考课改革

与官制改革联动的是考课，即人事考核。《尚书》里有三年一考核的记载。考课是管理官员的重要手段，根据考核结果，优秀者晋升，不良者降职。不过各王朝的考课有宽严之别。南朝的贵族往往不亲庶务，实务工作由门第不高者承担，故没有严格进行考课。北魏虽然历代都从中央派遣官员考察地方官的治绩，取缔不法，表彰优异，但不是定期举行。对于中央官，太武帝时期有"亲考内外"的记载（《段霸列传》），实际上不过是对近臣担任刺史时期的不法行为的处罚，称不上考课。

《高祖纪》记载孝文帝在亲政当年冬对地方官进行了考课，是年中央官似乎也成为考课对象。到太和十八年（494）九月，孝文帝发布了考课诏书："朕今三载一考，考即黜陟，欲令愚滞无妨于贤者，才能不壅于下位。各令当曹考其优劣，为三等。"其中成绩上上者晋升，下下者罢黜，中等者留在原任。当时，孝文帝尚在平城，诏书发布十日后，皇帝于朝堂上亲自考察评判主要官员，或升降官职或增减俸禄。

原定三年一度的考课因三年后孝文帝出京对南齐作战而未实施。此后考课的频率实际上变成六年一次。孝文帝的考课改革意义重大。通过改革，确定了定期考课制度，明确了考课结果的处理方式，确立了六品以下官员由尚书省，五品以上官员由公卿、皇帝考课的原则。宣武帝景明、正始、延昌年间频发"考格"，体现出此后北魏一直重视考课的姿态。上节指出当时官员通常每次晋升一阶，若考课成绩为中等，即可上升一阶。大多数官员的成绩都是中等。改革后的官僚晋升体系基本维持了起家官的差异，它实际上与考课密不可分。

在南朝不过徒有其表的考课制度却受到孝文帝的重视，意味着他虽然进行了具有贵族制色彩的官制改革，但并没有原封不动地复制南朝的贵族制。我们可以看到，尽管孝文帝承认基于父祖官爵确立的门第等级，但同样要求这些凭借门第进入官场的官员也要具备符合他们地位的能力和成绩。而且，尽管实施未必顺利，但定期考课原则的确立、五品以上与六品以下考课主体的区分，乃至上节介绍的具有散官性质的官职（将军号）的设定、按阶晋升等改革内容，对唐代官制和考课制度的影响不可轻视。

十、国家意志决策体系

所谓的皇帝制度，表面上是由皇帝决策国家大事，实际上很少有皇帝专断独行，大多情况下都有官僚参与。这里介绍与之相关的"议"的类型。根据渡边信一郎的研究，魏晋南北朝时期存在4种"议"，分别是：①由专业官吏进行的有关法律或礼仪的议；②由尚书省官员日常举行的最高政务会议；③公卿每月一日、十五日在朝堂进行的议；④审议重要案件的大议。这4种"议"在孝文帝亲政后均举行过。不过，北魏自开国之初就以"议"的方式解决重大问题。在部族联合的阶段，国家政策的决断需要各部族长的合议，在离散部族（参见第103页）以后，重大事件依然需要通过大议，由出身部族的要员参与决定。③公卿之议在北魏初期较难确认是否存在，不过太武帝时期则明确出现。所以，这一阶段的北魏政治中已经具备以上4种"议"。

不过，这些看似中原式的"议"，实际上包含了胡族要素。其中之一就是北魏前期的大议由外朝官和内朝官分别进行。另外一个值得关注的现象是皇帝也参与"议"。汉代的大议等各种议都有皇帝出席，东汉以后逐渐不再出席，到了西晋，据孝文帝所言，令文中没有任何皇帝参与公卿之议的记录。而北魏前后期都有皇帝参与大议的事例。更有趣的是③公卿之议。孝文帝在上述言论后，接着提议："中前则卿等自论政事，中后与卿等共议可否。"（《穆亮列传》）此事后来得到践行。

公卿之议乍一看似乎是外朝官之议。然而，第五节提到的《文成帝南巡碑》碑阴第一列"内侍之官"（参见第048页）中包含了公卿身份的诸人。可见公卿之议实际上是以内朝官，特别是与皇帝最亲近的"内侍之官"为中心进行的。孝文帝原本可以通过内朝官遥控外朝，不需要直接参与公卿之议。但因为他废除了内朝官，所以需要列席，以传达自己的意志。

　　这一改革还有更为深远的意义。渡边氏指出，魏晋时期的朝政中，贵族、官员议政的朝堂与皇帝听政的太极殿相互独立。贵族、官员在朝堂合议的结果以书面形式呈报皇帝，皇帝不直接参与议论，而是对合议的结果进行裁断（裁可、修正或驳回）。在东晋南朝，即使皇帝权力弱化，贵族高级官僚议政沉滞，这种朝政形式也没有发生太大变化。对此，渡边氏认为，孝文帝削弱了公卿之议的独立性，试图直接控制朝堂。尽管到了宣武帝、孝明帝时期，皇帝不再亲临公卿之议，但由皇帝支配朝堂的趋势一如既往。到了唐代，原本位于正殿旁边作为听政场所的朝堂被移到了外朝。

　　"议"的程序大致如下：先由官员上表提出议题，然后由皇帝下诏发起"议"，"议"的结果再以书面形式上呈皇帝，最后由皇帝裁决。整个过程都伴随着文书。因此出现了下面一幕。该事件的详细情况参见第五章第一节，这里仅看"议"在其中的作用。孝明帝时期，元乂通过政变把持了朝政。从其政变的过程来看，首先，宦官受到他的指使，上奏诬告当时的首辅清河王元怿，接着领军将军元乂亲率近卫军逮捕清河王，其后宦官矫诏召集公卿会议清河王之罪，结果以大逆罪论处。元乂进宫获得孝明帝裁可后，处死了清河王。后来，又发生了一起针对元乂的政变。右卫将军奚康生在宫中趁夜发起政变，一时得逞，得意之下反被元乂捕获。元乂在次日召集公卿10余人讨论奚康生的罪行，其结果上奏呈报。但奏文没有直接上呈孝明帝，而是转到元乂处。结果依议处奚康生斩刑，其子奚难为从犯，本处绞刑，后减为流刑。尽管元义伪造诏书，但整个事件发展符合公卿之议的一般流程。可见，即便是紧急情况，也需要遵循"议"的程序。

另外，关于"大逆"一词，需要指出的是，大逆是律文有规定的术语。从《刑罚志》来看，宣武帝时期有一桩贩卖人口的案件，相关人员也曾引用律文进行讨论。孝明帝时期，也有以律文中没有通奸罪连坐作为判案依据的讨论。依据律文断案，这一点非常值得注意。

十一、进攻南齐

太和十八年（494）十一月，孝文帝抵达洛阳，次月便开始南征。南征的契机是南齐明帝废黜前任皇帝自立，雍州刺史曹虎举起反旗，向北魏请降。孝文帝命将领攻打钟离（今安徽省凤阳县）、义阳（今河南省信阳市）和襄阳（今湖北省襄阳市），同时亲率30万大军越过淮水，抵达钟离前线，西方则向汉中（今陕西省西南部）派兵（图5-1）。但曹虎并没有真正降魏，诸将战果也乏善可陈。最后，孝文帝以皇后之兄司徒冯诞去世为由撤军，在次年五月返回洛阳。尽管孝文帝想亲临长江，但因冯诞之死而不得不放弃，不过，他还是派遣使者至长江岸边谴责齐明帝弑君自立。也就是说，孝文帝远征的理由是"问罪"明帝。儒家经典中载有"王者伐有罪"的观念，孝文帝的这次南征正基于此。

太和二十一年（497）八月，孝文帝再次南征。这次的主战场在洛阳以南，南齐雍州（治所襄阳）地界。北魏先后攻克新野（今河南省新野县）、南阳（今河南省南阳市），直抵与襄阳仅有汉水之隔的樊城。这一系列战斗在次年九月结束。身在悬瓠（今河南省汝南县）的孝文帝听闻南齐明帝去世，以"礼不伐丧"为由撤军（《高祖纪》）。这句话出自春秋时期晋国士匄进攻齐国时，因齐灵公去世而撤军的故事。《春秋左氏传》评价士匄的行为是"礼也"。孝文帝当时的言行反映出他遵从儒家经典。通过这次亲征，北魏取得了南齐汉水以北的土地。北魏把荆州治所南移，并新置了南阳、新野等郡。这是继献文帝时期夺取淮北以后的又一次重大军事胜利。

孝文帝离开悬瓠后，于太和二十三年（499）一月返回洛阳。他原本计划讨伐正在作乱的高车，但因南齐将军陈显达的反击，遂于三月第三次南征。尽管身体不适，孝文帝依然抱病出行，他坚信只有亲征才能取得胜利。大破齐军后，班师途中，孝文帝在谷塘原（今河南省淅川县）逝世。就结果而言，或许这次只需派遣将军迎击便可，不过由此也可以看出孝文帝对征伐南朝的执念之深。

孝文帝初次亲征南伐时，群臣中就有反对的意见。他们认为迁都伊始，刚刚入住洛阳之人生活还不安定，朝廷只需遣将应对曹虎即可。但孝文帝却一意亲征。尽管在迁都时，南征只是借口，但于孝文帝而言，消灭南齐、统一中原确实是他致力达成的目标。

北魏与南朝的战争在孝文帝死后依然继续。

第三章

从建国到统一华北
——鲜卑色彩浓厚时期

如前一章所述，孝文帝亲政时期的政策始终朝着一个方向发展——致力于成为传统的汉王朝皇帝。这反映出北魏此前的国家形态与孝文帝所追求的理想的国家形象有着显著差距。因此，本章将重点探讨北魏建国至统一华北的过程，并由此发掘北魏政权的特点。

一、代国时期

北魏的前身是代国。鲜卑拓跋部原本似生活在中国东北地区大兴安岭北部的岭东一带。后来因匈奴向西、向南迁徙引发连锁反应，拓跋部也向南、向西不断迁徙，最后进入蒙古高原南部。2世纪中期，鲜卑族中曾出现过一个重要人物——檀石槐，他短暂统一了鲜卑各部，其中就包括拓跋部。

《魏书》中记载了拓跋部祖先的14位君长，但未详细讲述他们的事迹。直到拓跋力微时期，才形成了以拓跋部为主体，其他部族隶属其下的部族联合国家。当然，与拓跋国家同时期，还有其他鲜卑部族建立了部族联合国家，如鲜卑段部、鲜卑慕容部等。

"部族联合国家"是怎样的存在？以核心部族拓跋部为例，拓跋部以父系血缘关系结合的帝室十姓为主要成员，还包括受拓

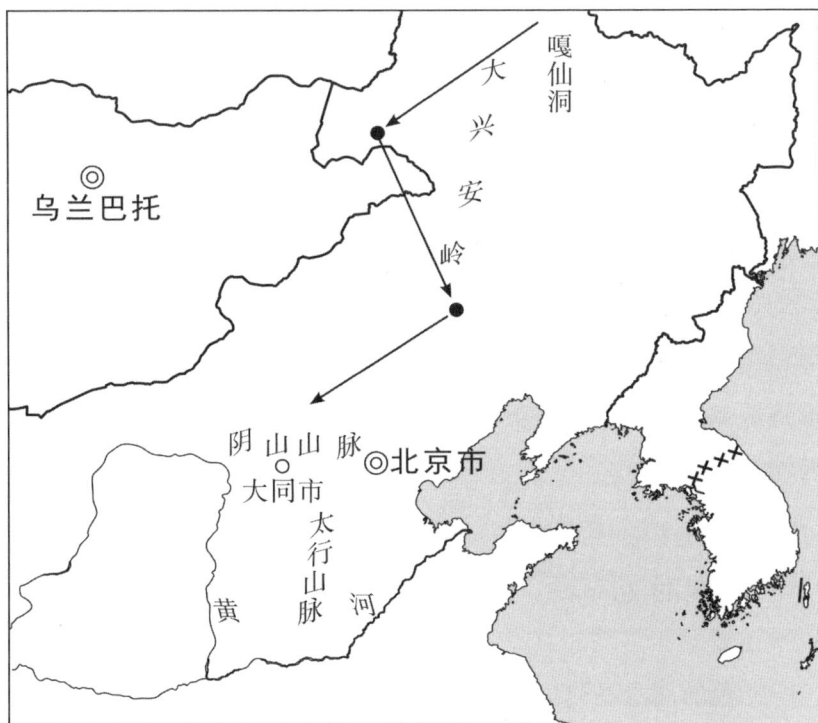

图3-1　拓跋部的迁徙。一般认为，拓跋部最初定居于大兴安岭北部的岭东地区，后向西南迁至呼伦湖一带，然后向东南迁徙，到达今内蒙古自治区的巴林左旗，之后再迁向西南，进入蒙古高原南部

跋部首领号令的其他部族成员，以及汉族出身的农耕民等，它不是基于血缘关系的单一集团。加入联盟的其他部族除了体量不同，基本具有类似结构。这些部族联合起来，是因为在拓跋部首领的政治、军事领导下，对自身有利。一旦利益消失，它们便可能脱离联盟。因此，部族联盟很容易缩减规模，甚至解体。另外，加入拓跋部族联盟的成员不限于鲜卑裔部族。

据称，拓跋力微在220年建立了部族联合国家。是年曹魏立国。前面已经提到，北魏在孝文帝改革以前称土德，这是有意向曹魏靠拢的设定，意在表明北魏前身的代国与曹魏一样都是取代火德汉朝的土德政权。实际上，代国并不是在这一年建立的。《魏书》记载，258年代国在定襄盛乐（具体地点不明，一说在今内蒙古自治区呼和浩特市和林格尔县）举行祭天仪式，白部大人因未出席仪式而被处死，可见当时拓跋部的部族联盟已经成立。《晋书·武帝纪》记载，275年鲜卑力微遣子来献，两年后，西晋征北大将军卫瓘讨伐拓跋力微，拓跋力微不久忧病而死。在这一阶段，代国已经成长为西晋重点关注的一方势力。

拓跋力微去世后，拓跋部一度衰落。历经三代首领，至拓跋力微之子禄官时期，拓跋部逐渐恢复实力，并分为三部。禄官自领一部，另外两部由拓跋力微之孙猗㐌和猗卢分别率领。在这一体制下，拓跋部的势力扩张到长城以南。后来，五胡诸族纷纷立国，在西晋统治摇摇欲坠之时，拓跋部出兵协助西晋，猗㐌因此被授予金印，封假大单于。其弟猗卢在父兄死后统领三部。310年，西晋正式封猗卢为大单于、代公。与汉朝的做法不同，西晋对五胡等周边各族首领，不仅授予统领各自及附属部族的称号（如大单于等），还授予他们本朝官爵系统的爵位。"代"本是今山西省北部的县名和郡名，但这里的"代"是国名（类似汉朝的代王国）。西晋责令原五县居民迁出，留下空地作为代公领地赐给猗卢。猗卢把自己统领的10万余户族人迁入此地。这五县位于今大同市西南、朔州市东北，大致在大同盆地南部。拓跋部此前已控制了北方的大同一带，因此，在获得西晋的封地后，相当于整个大同盆地都成为拓跋部的势力范围。315年，猗卢因讨伐西晋的敌对势力前赵有功，进爵为代王。至此，代国作为中国北方地区的一个实质独立且被他国认可的政权正式成立。尽管代国作为五胡诸国之一成立于此时，但通常我们谈到代国的历史，多是从拓跋力微统治时期开始的。

代国地处农耕和游牧的交界地带，势力最强之时，控制范围南至五县，北达阴山山脉以南（今内蒙古自治区西部）。五胡十六国时期，多是东、西两大强国相互对抗，而代国正好处在两大势力的北方，反而得以在五胡诸国中长期存在。

然而，代国并非高枕无忧，南方强国的压力亦不容忽视。例如，代国曾因后赵的进攻，被迫从代地迁至大宁（今河北省张家口市），并不得不向后赵交送人质。

另一个危机是代国内部产生了对立。拓跋力微统治时期，其长子沙漠汗曾多次作为人质被送往洛阳。由于国人不满他沾染了汉人风俗，最终将其谋害。猗卢时期，类似情况变得愈发严重。猗卢在都城盛乐之外，又于平城西南修建新平城，令长子六脩在

①（始祖）力微 ?—277

②悉鹿 278—286

③绰 287—293

⑤禄官 295—307

沙漠汗

猗㐌 295—305

⑥猗卢 295—307 308—316

④弗 294—295

⑦普根 305—316

⑩贺傉 321—325

⑪⑬纥那 325—329 335—337

六脩

⑨郁律（平文帝）317—321

⑧□ 316

⑫⑭翳槐 329—335 337—338

⑮什翼犍（昭成帝）338—376

○道武帝

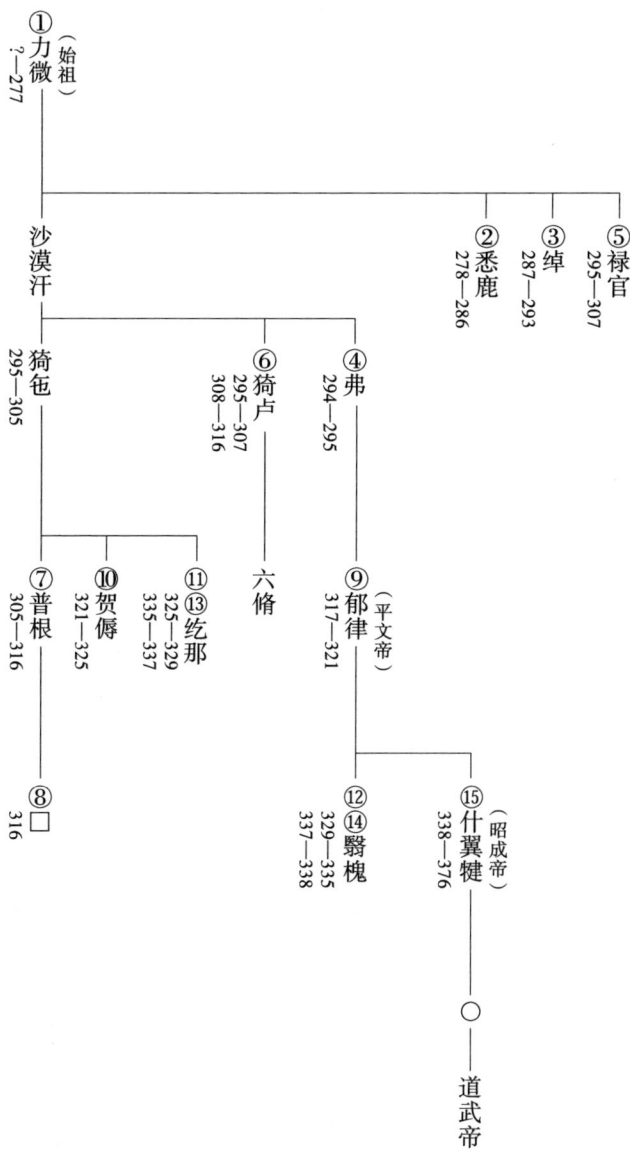

图3-2　代王世系图

新平城统领南部。这一安排引发了六脩与猗卢之间的激烈矛盾。矛盾的根源在于两者背后"新人"和"旧人"势力的对立。"旧人"指一直以来作为拓跋部族联盟中心的鲜卑旧族，"新人"则以新加入的晋人（汉人）和乌桓人为中心。乌桓是和鲜卑体量相当的大族，因部族或氏族参加的联盟、依附的对象不同，也有部分乌桓人属于"旧人"阵营。结果，猗卢败亡，六脩也死于猗㐌之子普根之手。晋人和乌桓人多归入晋将麾下。这场危机在普根及其子先后死去、猗㐌和猗卢之侄郁律（平文帝）继承王位后才结束。无论是否为了防止对手拉拢，前赵和后赵先后遣使向郁律"求和"，可见当时拓跋政权的实力得到了恢复。《魏书》称拓跋部的控制范围一度西至乌孙故地，东达勿吉。这一说法显然有夸大的成分。在道武帝建立北魏后，郁律被追尊为太祖，这是因为道武帝出自郁律一系而非猗㐌子孙。以上说法可能是为了彰显郁律作为太祖的功绩而有所夸大。

危机之三是代王的妻、母插手王位继承。猗㐌的王后、普根之母祁氏杀郁律，先后扶持亲生儿子贺傉、纥那为王。而郁律之子翳槐则投奔母族贺兰部，在母族的帮助下夺回代国的权力。此后，双方各自拉拢贺兰部、宇文部、慕容部等强援相互争斗，占据优势的一方交替称王，这种拉锯战持续了相当一段时间。因祁氏掌控代国政治，代国在当时被称为"女国"。又郁律的王后王氏（乌桓人）一手策划推动了其子什翼犍即位，成功挽救了翳槐死后的危局，史书称"兴复大业，后之力也"（《皇后传·平文皇后王氏》）。

图3-3　内蒙古博物院藏金制佩饰（罗宗真著，刘炜编，住谷孝之译，稻畑
耕一郎监修《图说中国文明史5 魏晋南北朝 文明融合》，创元社，2005年，
第26页）。该佩饰出土于盛乐遗址，背面刻有"猗㐌金"三字

338年，在后赵做质子的什翼犍返回代国并登上王位。代国实力日渐强盛，王权进一步巩固。他在位长达39年，其间与南方的前燕联姻。

我们目前尚不清楚代王时期的组织架构。值得注意的是，什翼犍即位后，新设置了左右近侍的职位。这些近侍多达百余人，由各部族首领或豪族的子弟担任，他们侍奉在代王身边，传达王命。另外，还有4名内侍长随侍代王，以备顾问。他们就是第二章介绍的内朝官的早期形态。什翼犍还设置了南北二部大人统括乌丸。乌丸有时指乌桓族人，但《魏书》明确指出，这里的乌丸是指"诸方杂人来附者"，但应该还是以乌桓人为核心。其中既有"旧人"中的乌桓人，也有新归附者。这些小群体在各自的酋长、庶长的率领下，受到南北二部大人的节制。当然，属于"旧人"的各部族成员也由各自的首领（大人）统率。

另外，前面说过"新人"包括晋人，即代国有不少汉族子民。五胡十六国时期，华北的汉人多向周边躲避战乱。这些人主要南迁到东晋，也有一部分逃入代国。与南迁的汉人形成以豪族为中心的集团一样，进入代国的汉人也多以北方豪族为中心。其中实力较强者成为王国官僚（国官），作为智囊活跃其间。什翼犍设置新制度的参谋就有燕凤、许谦等汉族国官。

这里对代王的国官稍作说明。这一时期，被封王者皆可设置国官，代国也不例外。猗卢成为代王后，"备置官属"，其中有一个名为莫含的人"参国官"（《莫含传》），但他的具体职务没有明确记载。此外，还有"辅相"，这里的"辅相"不是具体官名，而是辅佐的意思。到了什翼犍时期，史料中则留下了右长史、郎中令等具体职务的记载，例如燕凤担任左长史，许谦担任郎中令。另外，还有一些出仕代国的汉族人通过代王从西晋获得了将军号和爵位。

什翼犍还制定法令，强化王权，如犯大逆者罪及亲族，男女老少一律处死等。在这些新政策下，代王的王权达到了高峰。363—364年，在即位二十六七年后，什翼犍先后攻破北方的高车及其附属的没歌部，虏获大量人口，马、牛、羊数百万。南朝史书《宋书》记载，当时的代国"北有沙漠，南据阴山，众数十万"。

当是时，以长安为国都的前秦，正在五胡政权诸君主中后世评价最高的苻坚手中致力于统一华北。370年，前秦消灭东方强国前燕，376年七月灭前凉（今甘肃省至青海省东部）。作为华北仅存的势力，代国自然面临前秦的大军压境。在这种危局下，代国内部也爆发了争端。376年十二月，什翼犍在混乱中死去（一说被掳至长安）。前秦将灭亡的代国的领地和民众一分为二，东部由独孤部刘库仁、西部由铁弗部刘卫辰分治。从姓氏可以看出，两个新首领都出自匈奴系。

二、代国复国

什翼犍去世时，他的嫡孙拓跋珪只有6岁。在拓跋珪出生的当年其父便离世了。苻坚原本打算将拓跋珪带往长安（一说跟什翼犍一同被迁至长安），但拓跋珪逃过一劫，最终寄身于曾与代国有姻亲关系的独孤部，在那里长大。《宋书》中称，拓跋珪讳开，字涉珪，可能他的鲜卑名是涉珪。

383年，苻坚为了统一中国，发兵远征东晋，却在淝水之战中惨败。此后，前秦统治下的各族纷纷自立，华北陷入了更加严重的分裂。其间，独孤部在385年爆发了刘库仁之子刘显弑君的事件。拓跋珪也险些遇害，随后他与21名代国旧部逃离独孤部，投奔其母族贺兰部。

贺兰部是与拓跋部实力相当的强族。在贺兰等部的扶持下，拓跋珪在386年一月即代王位，祭天，年号登国，定都盛乐。四月，改国号为魏，拓跋珪成为魏王。关于改国号的意图前文已有讨论（第023页），这里不再赘述。本书中，对成长为帝国之前的拓跋政权均称"代国"，其首领称"代王"。另外，虽然已经改称"魏"，但"代"这个国号依旧被广泛使用。

代国虽然复国了，但政权并不稳固。拓跋珪的叔父窟咄在苻坚时期曾作为人质被送往长安，他在前秦瓦解后又投奔西燕。独孤部的刘显向其提供兵力，支持他回代国夺权。这导致代国国内局势大乱，代王拓跋珪被迫北逃至贺兰部避难。后来，拓跋珪在东南方强国后燕的援助下击败了窟咄。次年，拓跋珪继续依靠后燕的支持击败刘显，消除了独孤部对代国的威胁。皇始元年（396），拓跋珪又击败了刘亢泥，后者是刘显之弟，降于后燕，任广宁太守。

复国初期的代国疲于征战。在击败南方强大的独孤部后，代国又转而对付北面的贺兰部。贺兰部拥有众多附属部族，势力足以与代国抗衡。虽然代国此前一直得到贺兰部的援助，但羽翼渐丰的代国还是走到了扳倒贺兰部的地步。登国五年（390），代王击溃了贺兰部及其两个附属部族，并将此二部收入麾下。其后饱受铁弗部侵扰的贺兰部无奈向代王俯首称臣，部众被迁至代国东部。至此，代国北方的威胁被成功消除了。

接下来的强敌，是盘踞在代国西方和西南方的铁弗部。登国六年（391）七月至十二月，经过半年的攻防战，拓跋珪终于大破铁弗部。至此，代国的势力扩张至黄河河套的鄂尔多斯地区（今内蒙古自治区西南）。另外，代王在登国八年（393）还亲自率军征讨薛干部，因为后者接纳了铁弗部刘卫辰之子刘勃勃。最终，薛干部族长逃往后秦。

在清除贺兰、独孤、铁弗部的威胁后，代国势力范围扩大，不得不与后燕对峙。前秦瓦解后成立的后燕，原本与代国关系密切，曾为代国提供过军事援助。然而，随着后燕成长为与西方的后秦并立的华北强国，后燕的君主开始自称皇帝，并赐予代王"西单于"的称号，封代王为"上谷王"，企图控制代国。这一举动使两国关系转向对立。首先采取行动的是后燕。登国十年（395）秋，后燕皇太子慕容宝率军攻打代国，但十一月在参合陂（或为今内蒙古自治区凉城县，一说山西省阳高县）惨败。大怒的后燕皇帝慕容垂在次年三月亲征，四月病死，后燕军撤退。七月，代王称天子。八月，代军进攻后燕，年末包围后燕都城中山（今河北省定州市）。燕军在柏肆（今河北省石家庄市藁城区）发动了奇袭，衣冠不整的代王赤脚击鼓招兵，反而大破燕军。但是，提前返回平城的一些逃兵散布代军败北和代王失踪的消息，导致部分依附代国的部族反叛。尽管如此，代王还是在397年十月攻克中山，次年初，代军占领后燕要地——邺城。后燕只在辽东方面保存了一线命脉。从后燕分裂出的部分势力在山东成立了南燕，这个弱小的政权在410年被东晋将领刘裕消灭。

在北面的蒙古高原，骑马游牧民族柔然①成为代国的新劲敌。这个4世纪初依附于拓跋部的弱小势力，在代国复国时期逐渐崛起。登国六年（391），代王亲征柔然，俘获大量人口。这些俘虏在登国九年（394）逃亡，尽管代王展开追击，但首领之子社仑成功逃脱，并使柔然的势力强大起来。

此外，还有突厥系的高车族，他们比被视为蒙古系的柔然更早与代国接触。代王在登国四年（389）初亲征高车，次年又发动了两次进攻，即位为皇帝后，天兴二年（399）再次大胜，并刊石纪念。后文将出现的平城以北的鹿苑，就是这次远征后驱使高车俘虏建设的，以置存掳得的牛羊。

除此之外，代王还征讨其他部族。拓跋珪自即位以来，几乎马不停蹄地向四方征战。作为刚刚崛起的弱小部族联盟的首领，他必须首先清除周围的威胁。而在消除这些威胁之后，他的军事行动逐渐演变为主动的征服战争。其结果如上所述，代国领土大幅扩张，并获得了大量的人力、物力资源。基于这些功绩，代王即位为皇帝。

---

①《魏书》中记作"蠕蠕"，是一种蔑称。尽管"柔然"是音译，但在字面上有"柔弱"的意味，是基于夷狄观的命名。又作"茹茹"。

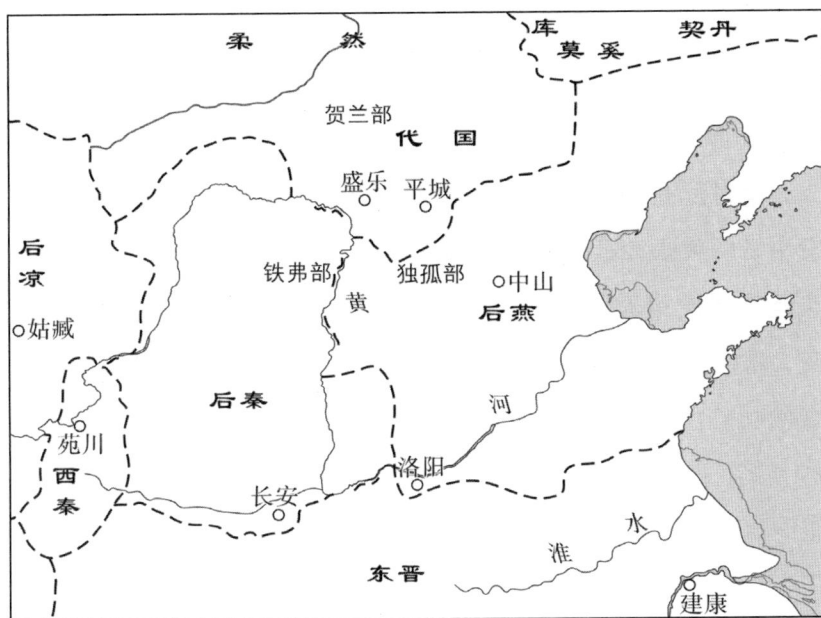

图3-4　代国复国时期的华北（登国十年，395）。本图据谭其骧主编《中国历史地图集》制作

三、统一华北——从道武帝至太武帝时期

1. 走向帝国

面对败退的后燕军队，代国选择继续追击。不过在此之前还发生了一件大事。登国十一年（396）十一月，代王（魏王）拓跋珪开始使用天子礼仪，改年号为皇始。尽管当时他尚未称皇帝，但代王已经开始行使天子的特权，封有实力的族人为王。自汉代以来，中原的统治者兼有"皇帝"和"天子"两个称号。原本"王"即天子，在"皇帝"出现以后，"王"成为皇帝（天子）授予臣下的封号和爵号。即使未称皇帝，作为天子也可以册封臣下王号。尽管代王自称天子，但其领土范围几乎没有变化。这更多是一种具有前瞻性的政治考量，当时情势尚未达到建立以皇帝身份统治中原的体制阶段。正如前文所述，虽然代王仓促制定了一套中原王朝式的官制以配合"天子"称号，但当他真正即皇帝位时，还是不得不重新设计更为完善的统治架构。

皇始三年（398）六月，代国基本将后燕逐出中原，代王令群臣再次讨论国号。"代"的呼声更高，但最终方案是"魏"。七月，都城从盛乐迁到平城。十二月，魏王即皇帝位，改元天兴。同时，制定了官制、法令及各种制度并开始实施。在礼仪制度方面，正如前面提到的，北魏开始在南、北郊举行祭祀天地的仪式，并修建了宗庙和社稷（用于祭祀土地神和五谷神），制定了各种礼仪和音乐，设置五经博士，整备皇帝出行时使用的三种卤簿（皇帝出驾时扈从的车马、官僚和士兵的仪仗）等。以往历代

王朝在成立时，往往会宣布本朝的度量衡标准，北魏也同样做了规定，并构建了天文观测的规制。总之，中原统治者的王朝体制就此建立。此外，北魏还为历代拓跋君长追赠皇帝号和谥号（依据其生前功绩给予的称号），并确定了庙号。这些都是中原王朝传统制度。由此，拓跋力微谥号神元，称始祖；拓跋郁律谥号平文，为太祖；拓跋什翼犍谥号昭成，为高祖。

北魏的新都城平城在秦汉时期只是县城。而在代王猗卢时期，由于位于盛乐以南，它已经被称为南都，本就是北魏的重要地区。平城从汉代的县城发展为魏国都城，并非一蹴而就，而是历经数代皇帝的精心建设。从宫殿遗址的考古发掘来看，宫城位于都城北部。北魏第二代皇帝明元帝时期修筑了郭城，郭城的周长约为16千米，城内区域被划分为一个个坊，《水经注》对此亦有记载。此外，城北设有广阔的鹿苑，这也是北魏平城的一大特色。

这里再介绍一下平城的地理环境。平城地处大同盆地，海拔远超华北平原（大同市区海拔约1000米）。从北京至蒙古国乌兰巴托的国际铁路（该铁路的终点是莫斯科）的路线来看，火车从北京出发，穿过长城，途经河北省张家口市，沿着山脉南麓西行抵达大同。再从大同向北行驶，很快进入阴山山脉，在穿过草原地带（如今草原农耕化已经扩展到内蒙古自治区北部的大部分地区）后继续向西北行驶，通过戈壁后抵达乌兰巴托。可见，平城位于从华北平原进入蒙古高原的重要通道上。其地理位置非常契合当时仍保留浓厚游牧特征的北魏政权的需求。

图3-5　平城宫殿遗址。北魏平城与今大同市城区重叠，因此发掘遗迹较少。目前，已发掘的遗址有明堂、宫殿等。本图为其中一处宫殿遗址

　　从平城进入蒙古高原还有其他途径。其中一条重要的路线是平城向西出善无（今山西省右玉县），可进入白道。白道是从今呼和浩特市西至武川的交通要道。

　　再来看从平城前往华北核心城市的重要路线。出平城，从大同盆地西南过雁门关至晋阳（今山西省太原市），再南下经长子（今山西省长子县），穿过太行山脉南麓，即可抵达洛阳。这条路线基本上沿着由北至南的方向。若去长安，则可从晋阳沿汾水（汾河）往西南行，经今临汾市，渡过黄河大弯曲处，进入渭水后便可抵达。从晋阳往东，过井陉关就是中山（今河北省定州市）。前往中山的另一条路线是从平城向东南过灵丘（今山西省灵丘县），再向东南翻越太行山。从中山前往华北平原各地都十分便捷，例如往南直通邺城。

　　虽然上文指出北魏建立了统治中原的制度，但若深入探究其内部，却未必完全与中原王朝制度相同。这一点从前述孝文帝改革官制和礼仪时的讨论中便可窥见端倪。以音乐为例，音乐不仅是个人娱乐，更是统治者彰显权威、宣示正统性的重要工具，是国家祭祀和宫廷礼仪中不可或缺的元素。因此，据《太祖纪》记载，天兴元年（398）十一月，北魏建立了乐制："诏尚书吏部郎中邓渊典官制，立爵品，定律吕，协音乐。"然而，音乐的演奏离不开乐器和乐工。永嘉之乱后，乐器流散，乐工流亡，很难再复原西晋的宫廷音乐。相反，正如渡边信一郎所指出的，北魏初期的音乐中，即便是雅乐也以鲜卑系、北族系的音乐为主流。例如，长达150章的《真人代歌》的歌词是用鲜卑语写成的，《簸逻回歌》的伴奏使用的是大角。即使在太武帝灭亡夏国和北凉，获得了这些地方保存的古雅乐与西凉乐（融合了西域和西北地区风格的音乐）后，鲜卑系和北族系音乐依然盛行。

另外，关于法令的问题，《太祖纪》天兴元年（398）条记载："（尚书）三公郎中王德定律令，申科禁。"《刑罚志》对此则记述为："乃命三公郎王德除其法之酷切于民者，约定科令，大崇简易。"后者没有明确记载制定的是"律令"，具体工作也变成删减以前过于严酷的内容。到了第三代太武帝时期，《世祖纪》记载，神䴥四年（431）"诏司徒崔浩改定律令"，《刑罚志》中关于太武帝以后的记载也明确使用了"律令"一词。这些律令多继承自西晋的法律体系（如泰始律），如官员犯罪时的"官当"制度（即以官职抵罪），对孕妇、老人、幼儿减刑，甚至规定司法程序等。然而，北魏的律法并非完全沿袭西晋。例如，死刑除了斩刑、绞刑外，还保留了"辕"（车裂）这一西晋律法中未见的酷刑，整体处罚都较为严苛。此外，还存在如"巫蛊者，负羖羊抱犬沉诸渊"这样的条令，似乎来自鲜卑习俗。不难想象，这与天兴"律令"一脉相承。另外，正如前述，新律令规定的祭祀礼仪，如皇帝郊庙祭祀的方式就与中原王朝传统祭祀形式不同。

北魏成为帝国后的历史，大致可以分为孝文帝改革前和改革后两个阶段。改革前，尤其是第五代皇帝之后，北魏的政治出现了变化的征兆。接下来，将先介绍从第一代皇帝到第三代皇帝的情况。

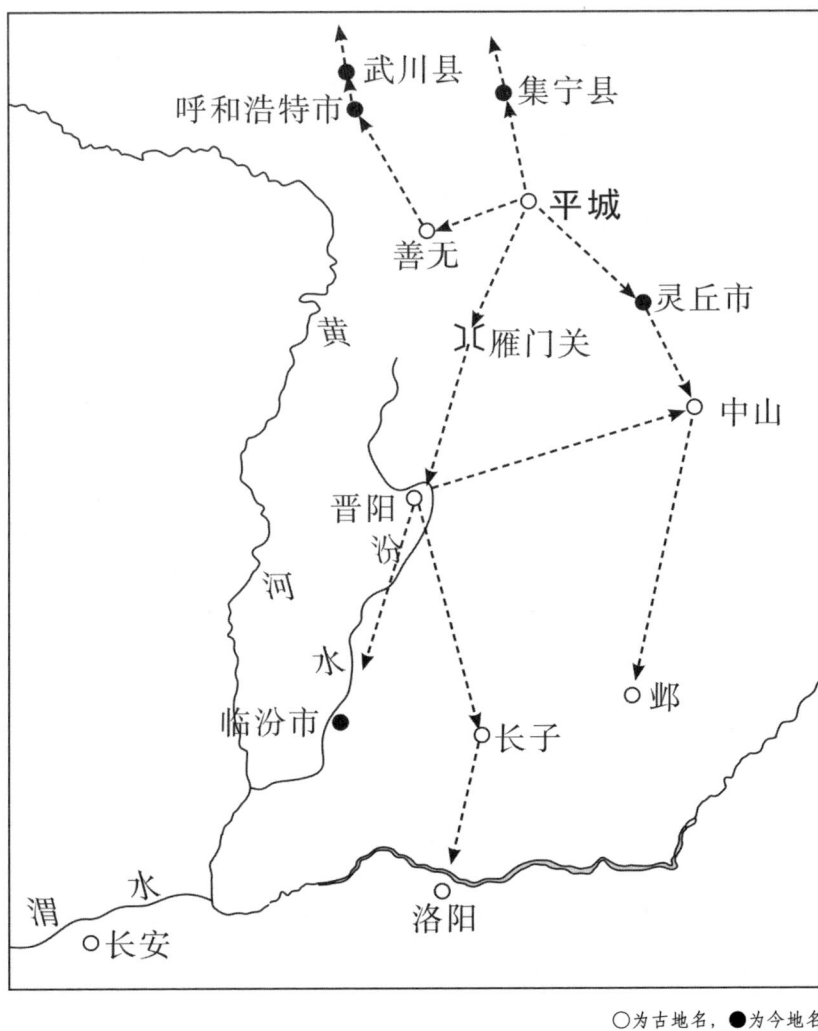

○为古地名，●为今地名

图3-6　平城周边交通示意图

2. 皇位继承

对称皇帝后的拓跋珪，下文将依其谥号称为道武帝。北魏的第二代皇帝是道武帝的长子明元帝拓跋嗣。第三代皇帝是明元帝的长子太武帝拓跋焘。看似北魏采用了中原王朝的嫡长子继承制，但实际情况并非如此。天赐六年（409），道武帝被次子清河王拓跋绍刺杀身亡。道武帝之死与皇位继承有关。最初，道武帝效仿汉武帝立太子时因忌惮外戚势力而赐死太子母亲的先例，处死了长子拓跋嗣之母刘氏，似乎有意以拓跋嗣为继承人。但道武帝最终未立他为皇太子，转而属意次子拓跋绍，并准备赐死其母贺氏。史书中记载贺氏因罪论死大概是一种粉饰。结果，贺氏暗中联络拓跋绍入宫弑父。对此，北魏的权贵们虽然震惊，并采取了一些举措以防备动乱，但似乎很少有人明确反对拓跋绍弑父夺权的行为。因父子不和而离开平城的拓跋嗣在得知事变后迅速返回平城，杀死拓跋绍和贺氏，登上皇位。他的行动非常迅速，这一切距道武帝被杀不过4天。

尽管从结果来看，代国和北魏的君位继承顺序是昭成帝拓跋什翼犍→献明帝拓跋寔（追封）→道武帝拓跋珪→明元帝拓跋嗣，但从拓跋绍曾是候选继承人来看，北魏当时并未形成明确的继承制度。什翼犍之前的代王之争多为兄弟相争，显示出兄终弟及的特点。这种从候选者中角逐出适任者的游牧社会继承方式，似乎在北魏建国初期仍有一定影响力。鉴于自己即位时的凶险经历，明元帝选择了更稳妥的传位方式。他分封诸子为王，同时立长子拓跋焘为皇太子，让年仅15岁的皇太子监国，赋予他一人之下万人之上的地位，昭示其继承人的身份。在父皇死后顺利继位的拓跋焘（太武帝）也很快立长子拓跋晃为皇太子，令其监国。拓跋晃早亡，其长子拓跋濬（文成帝）早早被称为"世嫡皇孙"，由此看来，太武帝时期已经确立了长子继承制。不过，在拓跋晃死后，对于是以皇孙拓跋濬还是太武帝其他皇子为新继承人的问题，朝臣间发生过意见分歧。

此外，道武帝在晚年时频繁赐死大臣，使得朝中人人自危。他的行为旨在削弱旧部族酋长的势力，强化皇权。与之相关的还有防止外家势力膨胀而提前赐死嗣君生母的措施。

如前所述，道武帝在选择两名继承人时，都计划过赐死其生母，并实际杀死了拓跋嗣的生母刘氏。实际上刘氏是独孤部族长之女。拓跋绍之母贺氏出身贺兰部。两部族此前都势力强大，因道武帝的打击而臣服于北魏，但仍保有相当的实力。田余庆指出，代国时期，具有强大外家背景的代王后妃常掌握权柄，干预王位继承。为了解决这个问题，道武帝赐死继承人之母，这与后面将提到的离散部族的目的相同，都是巩固君权的举措。道武帝时期的"子贵母死"是出于政治上的需要。尽管这个做法的必要性逐渐减弱，但却成为一种惯例。这也为北魏政治带来了另一特殊现象——失去生母的皇帝往往十分尊崇自己的乳母。例如，第五代皇帝文成帝即位后封乳母为保太后，后又尊为皇太后。乳母家族的势力逐渐壮大，甚至被收入《外戚传》。前文讲到，孝文帝对祖母文明太后十分恭顺，这可能也是因为其生母被杀后，文明太后亲自抚养孝文帝，承担了"母亲"的角色。孝明帝时期的灵太后是北魏史上唯一一位是皇帝生母的皇太后，并以"母亲"的身份执掌大权。

太武帝在明元帝去世3日后即位。

3. 帝国扩张——统一华北

道武帝在即皇帝位后，继续着他的征服战争。但他不再频繁亲征，而是派遣将军领兵。作为广阔疆域的统治者，这是理所当然的选择。北魏前期的皇帝多率军亲征，如明元帝和太武帝，第六代皇帝献文帝在退位后也曾亲征。即使亲征次数最少的文成帝也曾远征柔然。指挥战争、取得胜利是游牧国家的君主需要具备的首要资质，北魏继承了这一传统。这是北魏皇帝与东晋、南朝汉族皇帝的一个显著区别。

道武帝时期北魏的征服对象是在其西南方的后秦、北方依附柔然的诸部族和高车。这一情况延续到明元帝时期，并出现了新对手。其中之一就是道武帝曾经的手下败将刘勃勃（刘屈孑）。出身铁弗部的刘勃勃在被道武帝打败后投奔后秦，其后建立夏国，并进攻北魏。刘勃勃本是南匈奴左贤王的子孙，后或是取匈奴语"徽赫与天连"之意，改姓"赫连"。"屈孑"含有卑下的意味，部族名"铁弗"也是蔑称。以长安为都城的后秦，曾经是占据华北大半地区的强国，却随着夏国的兴起而逐渐衰弱。417年，东晋将领刘裕灭后秦，北魏西南面的对手变成夏国。夏国迅速崛起，其国主自称皇帝，成长为足以对抗北魏的强国。此外，北魏南面出现的新对手是刘裕取代东晋建立的宋（刘宋）。北魏和东晋之间原本夹着一个南燕。410年，刘裕灭南燕，两国变成直接接壤。不过，东晋和刘宋的首要目标是夺回洛阳和长安，因而没有表现出对北魏开战的架势。416—417年，刘裕征伐后秦，在攻占洛阳后，命令主力部队沿黄河上溯进攻长安，当时特意与北魏进行了沟通。北魏也曾担心刘裕军队的突袭，小做试探后反而被打败。不过，北魏主要的敌对力量还是在北方（柔然）、西方（夏）和西南（后秦）。因此，北魏以黄河北岸为南界，只控制了黄河南岸的要冲滑台（今河南省滑县），暂时没有出兵南朝的打算。但后秦灭亡后，局面发生了变化。刘裕因灭后秦的功绩受禅东晋，于420年建立刘宋。北魏泰常七年（422），明元帝发动了对刘宋的袭击。北魏军队兵分两路，南渡黄河。东路军攻入今山东省区域，一番掠夺后返回。另一支军队则深入今河南省地界，在攻占了洛阳及其东面的军事要地虎牢、滑台后撤退。太武帝神麚三年（430），因刘宋的反击，北魏一度退至黄河北岸，随即又重整旗鼓，再次占领这些地区。在一段时间内，这一带成为北魏在黄河以南的桥头堡。太平真君十一年（450），刘宋发动大规模北伐，军队逼近这一区域。同年，太武帝亲率大军南征，击破宋军，并在年底到达长江北岸。最后两国和议，次年初，北魏退军。这场战争没有大幅改变两国之间的疆界线。452年，太武帝离世的消息传出后，刘宋曾发动过一轮军事袭击，但战果寥寥。两国疆界发生重大变化要等到献文帝时期了。

与南朝交战前，新即位的太武帝首先着手攻打的是夏国。趁刘裕占领长安后返回建康的间隙，赫连勃勃占领长安，将其定为南都，自称皇帝，与东面的北魏双雄并立。不过，此时的东西对峙不同于之前五胡强国间的东西对峙。两国的都城不是长安和洛阳，而是远离中原王朝核心区的统万城（今陕西省靖边县）和平城。始光四年（427），太武帝亲征夏国，北魏军队攻陷其大本营——以规模宏伟、城垣坚固著称的统万城。430年，太武帝再次亲征，攻克夏的新据点平凉（今甘肃省平凉市）。夏主在退败途中尚能消灭了西秦，可见其实力之强，但最终败于吐谷浑。431年，夏主被押送至北魏处死，夏国就此灭亡。

在消除了西方的威胁后，太武帝的下一个目标是东方的北燕。被北魏夺去河北之地后，后燕沦为只保有辽西和辽东地区的小国。后燕主放弃皇帝号，只称天王。但这个天王位也被高句丽后裔高云（因是慕容宝养子，又称慕容云）夺取，后燕变成北燕。北燕的实权者是汉人（也有非汉人之说）冯跋，北燕主之位不久即落入其手。雪上加霜的是辽东之地又被高句丽占领，北燕只剩下辽西一带。自432年太武帝亲征后，北魏连年派兵袭击，不堪其扰的北燕主冯弘亡命高句丽，北燕灭亡。436年，高句丽在北魏的压力下处死冯弘。又北魏的文明太后就是冯弘的孙女，其父在北燕灭亡前投降了北魏。

北燕灭亡后，五胡诸国就只剩下北凉。北凉是盘踞在河西地区（今甘肃省西部和新疆维吾尔自治区东部）的小国。因此，在夏国灭亡后，直接面临北魏压力的北凉选择依附北魏，其君主被封为凉王。凉王迎娶太武帝之妹为妻，太武帝娶凉王妹入后宫，结成了双重姻亲关系。太延五年（439），太武帝亲率大军西征

图3-7　统万城遗址（陕西师范大学西北环发中心编《统万城遗址综合研究》，三秦出版社，2004年）。赫连勃勃在无定河上游修建的这座城池，以坚固闻名。现地面上仍留有部分遗迹，因混入了用以加固的石灰，遗址呈白色

北凉，凉王投降。至此，北魏统一华北，五胡十六国时期宣告终结，北魏和刘宋南北对峙的新时期开始。这种对峙延续到隋统一天下，这一时期被称为南北朝。另外，华北一般指淮河（淮水）与秦岭（位于今陕西省）一线以北。439年，刘宋还占有淮河以北的大片土地，因此，北魏算不上通常意义上的统一华北。确切而言，是北魏统一了与南方政权对峙的北方地区。北魏占领淮水以北的土地尚需一段时日。另外，北凉臣服以后，北魏开始与西域诸国接触，这一点将在后文展开。

实际上，此时在南北两国之间还存在一个奇特的政权——后仇池国。它位于今甘肃省东南部，夹在北魏和刘宋之间，是氐族杨氏建立的政权。杨氏政权或依附于五胡强国，或投诚于东晋、刘宋，为求生存煞费苦心。北魏占领关中后，后仇池国开始与北魏接壤。尽管如此，它时而接受北魏的封王，时而依附刘宋，时而选择独立，态度变幻莫测。442年，仇池王最终放弃仇池，亡命北魏，后仇池国灭亡，但杨氏集团的活动一直持续到6世纪末。

另外，如何应对北方的柔然成为北魏的重要课题。柔然在一时衰弱后重新崛起，雄踞在蒙古高原。402年，柔然首领社仑称可汗，威胁波及阴山以南。在道武帝后期和明元帝时期，北魏处于守势。422年，明元帝南征，特令皇太子北出塞上（北魏的北面防线）防备柔然。上文所述进入山东、河南的军队提前撤退，应该也是出于防患柔然的考虑。即便如此，424年，太武帝即位后不久，就发生了柔然攻占盛乐宫的事件。对此，太武帝接连在424年、425年、429年亲征柔然。此后，双方关系暂时缓和，太武帝迎娶柔然可汗之妹。但双方的冲突并未平息，趁太武帝亲征北凉、都城空虚，柔然南侵，兵锋一度逼近平城。直到太平真君十年（449）太武帝亲征柔然大胜，柔然对北魏的入侵才告一段落。北魏的势力扩张到阴山以北，皇帝每年都要到阴山以北巡幸漠南。

北魏的西面还有一个对手——鲜卑系的吐谷浑（位于今青海省）。444年、445年连续受到北魏攻击后，吐谷浑王一度向西逃往西域，不久后又返回故地。

4. 北魏面临的包围圈及其应对之策——北魏的对外关系

在以北魏和刘宋为中心的战略交锋下，形成了上节介绍的局面。于刘宋而言，敌人的敌人就是朋友，柔然是可拉拢的对象。于柔然而言，能够与刘宋联手夹击北魏，完全没有拒绝的理由。双方使节往还，取道同属该战略联盟的吐谷浑。除了柔然和吐谷浑，刘宋构建的对北魏的包围圈还囊括西北的杨氏政权，更西北的北凉，东北的高句丽和百济，甚至还有宕昌、邓至等西北小国。具体方式就是册封这些政权的君主。当时的倭国也在刘宋战略计划内，所以倭五王先后受到册封。刘宋与高句丽、百济和倭国通过海路建立联系。海路是刘宋等南朝政权的国际战略中不可或缺的要素。

与此相对，北魏也在努力打破这个包围圈。除了武力征伐，还采用了一些怀柔手段。例如，太武帝册封吐谷浑王，在灭北凉前也曾册封其国君为凉王。另外，一些原本属于包围圈的政权也开始向北魏称臣。例如北凉灭国后，在吐鲁番盆地成立的高昌国

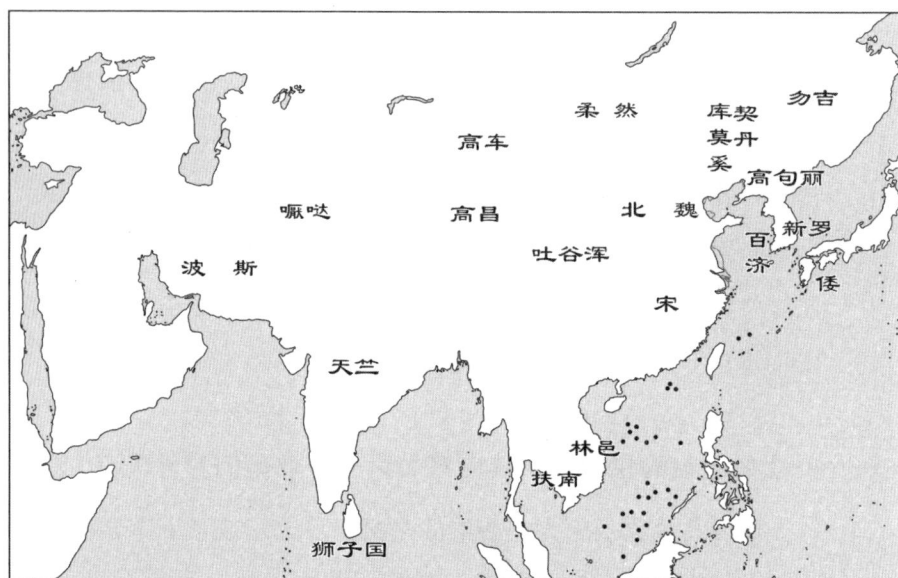

图 3-8 北魏前期的亚洲形势示意图

原本一直取道吐谷浑遣使南朝，到了479年，即孝文帝时期，高昌开始向北魏遣使，并于宣武帝时期接受册封。高句丽从435年开始朝贡北魏，在受封为高丽王后，应北魏要求处死了前来避难的北燕国主。之后更是一年间两三次地频繁来朝，借此缓解来自北魏的压力。不过，高句丽也持续向南朝朝贡。百济则专注保持与南朝的往来，直到472年希望北魏出兵高句丽才首次遣使，却被北魏以高句丽是北魏藩屏为由拒绝。百济再次向北朝遣使要等到北齐时期了。而终北魏一代，完全没有左右摇摆的只有柔然和倭国。至于新罗，可能是受到高句丽的掣肘，直到6世纪初其才一方面向北魏遣使，另一方面又与百济一同遣使至南朝的萧梁。

刘宋试图构建的对北魏的包围圈，虽然未能取得联合作战等实质性成果，但还是给北魏造成了一定的威胁。因此，刘宋之后的南朝政权继续摸索与柔然的合作方式，并一直册封高句丽和百济。北魏也通过册封周边政权与刘宋对抗。若仅着眼于南朝和北魏的正面交锋，而不综合考虑周边诸国由此形成的对立关系，就无法理解当时的南北关系。

另外，与隶属南朝或北魏的国家不同，只接受北魏册封，或只遣使北魏的政权也不少。时至北魏末期，在东北方面有库莫奚、契丹、勿吉、地豆于，在西北方面有塔里木盆地的车师、焉耆、鄯善、龟兹、于阗，帕米尔高原以西的嚈哒、波斯等。意外的是，向南朝派遣使节的狮子国（斯里兰卡）也是其中之一。这些国家与北魏结交，大多是为了追求贸易利益，而北魏方面的努力也发挥了作用。北魏在435年、436年、444年，相继派遣使者到西域敦促诸国朝贡。必要时北魏也会采用军事手段。例如，北魏在448年因使者受到威胁而出兵焉耆，龟兹也受到攻击。为了防备西域诸国与柔然结盟，北魏频繁出动军队。对鄯善甚至一度采取郡县化控制。当然，北魏也曾被这些国家要求提供军事援助。结果，鄯善、车师等国不得不派出王族作为人质"入侍"北魏，于阗则献王女入北魏后宫。也有一种情况如波斯，中国方面的史书上记载波斯王居和多"上书"北魏，从国书内容来看，实际上没有俯首称臣的意思。发送国书的一方即便以对等的态度派遣使节，北魏方面也会视为"朝贡"。不仅是北魏，这是中国古代王朝的共同认知。居和多的国书中称："大国天子，天之所生，愿日出处常为汉中天子。波斯国王居和多，千万敬拜。"（《西域传》）这一措辞因常被用于对照圣德太子发给隋炀帝的国书而为人所知。

所谓册封，指的是皇帝通过颁给周边民族首领"王"等爵位或官职，来确立君臣关系的行为。汉晋时期，册封过的王号有"汉委奴国王""亲魏倭王"等。在尚不至封王的情况下，可能会赐予"汉归义羌长"等称号，"汉归义羌长"的意思是臣服汉朝的羌族集团首领。需要注意的是，将臣服称作"归义"，体现了统一王朝的意识。到了东晋、五胡十六国时期，封号发生了变化。413年，高句丽朝贡东晋，东晋册封的名号是"使持节、都督营州诸军事、征东将军、高句骊（同丽）王、乐浪公"。这个封号的结构与当时州刺史的官爵号"使持节、都督○州诸军事、□州刺史、△△将军、××（爵）"极其相似。"使持节"表示军队统帅被赋予的三个级别专断权之一（另外两个是持节和假节）；"都督某地

图 3-9 北周李贤墓出土的西域鎏金银壶（《图说中国文明史 5 魏晋南北朝文明融合》，第 221 页）

诸军事"表示具有统领该地区全部军队的军事权限；尽管在这一时期将军号逐渐承担了表示官僚地位的功能，但这里的将军号显示了对直属军队的指挥权。使持节以下诸号都是涉及军权的名号，这是因为当时的州刺史开始掌握军队（并且具有指挥数州军队的权限）。若是把上述东晋封号中的"高句骊王"改成"营州刺史"，就与当时授予州刺史的官爵号结构完全相同。"高句骊王"自然是表示承认他对高句丽土地和人民的统治权，因此，与同样统治营州土地和人民的营州刺史的置换没有问题。也就是说，册封周边诸国的封号采用了与管理地方的州刺史相似的官爵号。

封号的变化，与五胡进入中原后带来的政治和社会变化相适配，并被运用于对外关系。当五胡君主在中原实际控制了一州或数州，但力量尚不足以称帝时，一般会从其他皇帝那里接受官爵。皇帝赐予其刺史等官爵，并承认其率领非汉族集团的首领的地位。五胡十六国时期不少政权的最初形态都是如此。例如，4世纪初，前燕慕容廆从东晋获得的封号是"使持节、散骑常侍、都督幽州东夷诸军事、车骑将军、平州牧、大单于、辽东郡公"。牧和刺史都是州一级的长官（牧的地位在刺史之上），"大单于"意味着承认慕容廆是鲜卑慕容部的统领。这个封号与前面对高句丽王的封号结构相同（"散骑常侍"是加官，可忽略）。慕容廆控制了中国东北边境地区（平州位于今辽宁省西部）。这与影响力辐射辽东但不能插手辽西营州的高句丽情况确实不同。但是，从慕容氏的封号也适用于高句丽来看，对前者的封号很容易转用为对周边诸国君主的封号。413年，高句丽王被封为乐浪公，这个爵位可能是因为自汉代以来就有汉人生活在乐浪郡。总之，北魏借此封号将高句丽包装成自身的臣属。

以上封号形式在隋唐以后消失。这是因为王朝扩张带来的变化结束，新的平衡局面形成（都督诸军事制度失去意义也是原因之一）。补充说明一下，刘宋册封日本倭王武（雄略天皇）"使持节、都督倭新罗任那加罗秦韩慕韩六国诸军事、安东大将军、倭王"的封号，与上述情况相同。

另外，北魏与东晋、南朝之间虽然交战不断，但并非始终剑拔弩张。两国使节往来也很频繁。早在皇始元年（396），东晋就向北魏派遣过使节，北魏也在天赐元年（404）向东晋遣使。当时东晋因桓玄篡位，政局动荡，北魏此举可能是为了刺探相关动向。

正式的南北通使始于421年，即刘宋建国的次年。刘宋主动向北魏遣使，时值北魏的明元帝时期。4年后，即太武帝始光二年（425），北魏也向南朝初次遣使。此后，除了交战期间，双方遣使不断。至太和十八年（494）止，可考的北魏遣使多达39次，平均不到两年就有一次，可谓相当频繁。

北魏派出的使节多是汉族，且大都名见《魏书》列传。正使惯例以本官带员外散骑常侍。员外散骑常侍在太和后令中属于正五品上，本官更低者则将其作为"兼"官。

如前所述，南北通使在孝文帝出兵南齐后结束，重新通使要到东魏以后了。

此外，在南北关系相对缓和的时期，两国边境会举行叫作"瓦市"的双边贸易。

四、北魏政权下的各族

1.诸旧族和被征服的部族

旧代国时期及代国重建时支持拓跋珪的部族，以及被其征服的部族，在北魏的生存状况如何呢？

《官氏志》中列举了北魏统治下的诸姓，首先是帝室，即具有拓跋血统的十姓，其后是"内入诸姓"和"四方诸部"，分别记载了分属其下的诸部的名称。

"内入诸姓"指始祖拓跋力微时期就参加了部族联盟的诸族，有七十五姓，实际上其中还包含后来旧代国时期加入的诸族。不难推测，内入诸姓尤其是其首领及首领的子孙在北魏政治、军事中占据重要地位，事实也确实如此。因史料的限制，我们不能排查所有部族的情况，但可以确认大部分部族都是如此。另外，有数个部族在旧代国时期曾经臣服，代国重建时却转为敌对势力被消灭。这些部族中的部分人因此死亡或逃亡，但余众及其子孙依然被归入内入诸姓，视同"代人"，在政治、军事上没有被差别对待的迹象。

"四方诸部"是定期向北魏朝贡，在登国年间部族离散后成为编户的诸族。他们大多是被北魏征服的部族。东方是宇文、慕容两姓，南方有七姓，西方有十六姓，北方有贺兰等十姓。这些部族成员大多被迫离开故土，移居平城附近，他们被称为"徙民"。部分记载显示，北魏给这些徙民分配了土地，强制他们耕种，使其成为"计口授田"的对象。可见，四方诸姓或对北魏具有浓厚的隶属性质。不过，出身其中的官僚也不少，四方诸姓的旧统治阶层与内入诸姓之间的地位差距不大。

除了内入诸姓和四方诸部，北魏治下还有很多其他部族。例如匈奴系诸族、氐、羌等，他们居住在原后秦、大夏故地，即今山西省西部、陕西省和甘肃省东部地区。随着北魏势力的扩张，这些部族也被纳入统治。其中既有被征服者，也有主动内附者。除部分部族外，他们大多被允许留在故地。他们原来的首领在臣服后或被赐予将军号，或被任命为地方官，或成为地方官的僚属。然而，在北魏末期前，这些人中几乎没人能够进入北魏中央担任高官，至少，没有出现成为《魏书》列传传主的人物。同样是臣服于北魏的部族，他们的待遇显然逊于四方诸部。

此外，被征服或以内附的形式进入北魏政权的，还有柔然（包括其治下的各部族）、高车等北方诸族。他们显然不会被留在原居住地。高车被安置在北方边境。柔然族中有不少人在北魏身居高位，他们的待遇与四方诸部相似。这样看来，柔然应该是被徙居畿内了。

2. 部族离散

最初参与部族联盟的诸族，以及那些被征服或内附于北魏的诸族，后续的发展情况如何？若是这些部族依然维持原来的组织形态，且原首领继续统率本部，那么皇权就很难深入到部族内部。背靠本族力量的首领们也容易出现异动。对此，北魏采取了离散部族组织、剥离部族首领与其部众的政策，即"部族离散"。

首当其冲的是贺兰部。这个扶持拓跋政权建立的部族，在代国强大后反而成为其强劲对手。北魏在打败贺兰部后选择离散其部族。接下来是独孤部和铁弗部。铁弗部的一部分人被顺利离散，更多的部民则因不堪忍受而逃亡。在解决掉后燕这个最大的威胁后，北魏采取了更激进的措施，毅然对代国（北魏）的核心部族也实施了离散，尽管这些部族在代国重建时已加入政权，剪除贺兰部等敌对势力时也尽心竭力。显然，通过离散部族，皇权能够更加顺利地向下层渗透，但原因不限于此。

本书序章提到过，五胡十六国诸政权均以短命告终，其原因多在于激烈的内斗。这些国家由皇帝或天王统领，大封兄弟、诸子和宗室为王，这些王各自统率归附的诸族（即军事力量）。谷川道雄称这种体制为"宗室式军事封建制"。

谷川道雄认为，五胡本来是游牧民，与中原政权的嫡长子继承制不同，游牧国家的君主一般由国民选举产生。因此，实力强大的候选人凭借自己统率的军队，不断争夺皇帝或天王之位，最终导致国力耗竭，政权短祚而亡。

北魏也多以宗室掌兵。若宗室试图利用这些兵力争夺皇位，那么像五胡诸国一样以部族为单位和以离散后的部民为单位，哪种更容易被统率控制呢？显然是因部族的共同利益而易于凝聚的前者。尽管部族离散的原因较为复杂，但这无疑是一个重要因素。当然，北魏也出现过强势的宗室试图篡夺皇位的情况，但并未引起大规模内乱，且未像五胡诸国那样严重削弱国力。部族离散在其中发挥了重要作用，这也正是北魏坚持此项政策的原因。

　　关于部族离散，实际尚存不少疑点。这是因为相关史料只有短短3条。仅从这3条史料来看，部族离散似乎是在某个时期统一执行的。但这样就无法解释其他史料中的种种迹象。若是离散的时间不同，则可以解决这些疑问。另外，也有观点认为，北魏因担心首领和部众可能会进行激烈抵抗，而没有离散其核心部族。对此，上文的解释或可提供答案——在离散敌对势力的部族以后，可以利用这些力量再离散核心部族。

　　更大的问题在于，尽管进行了部族离散，但有许多实例表明，此后部族制的集团依然存在。例如将在第五章出场的尔朱氏。他们在北秀容（今山西省西北部）的高原上经营着方圆300里（约150平方千米）的牧场，其家首领代代为"领民酋长"，北魏承认其统领权。尔朱氏下辖很多部落。"部落"指游牧者集团，与部族制相关。尔朱氏之外，还有不少其他"领民酋长"的例子。另外，在与南朝对战时，明元帝因不满前线推进缓慢而亲自出征。史载率众随他南下的，就有四方"大人"，即部族或部族下属集团的首领。

　　这种维持了部族制的集团固然存在，但并不意味着北魏没有实施过部族离散。只是没有必要把所有归附的部族全都解散。

　　游牧国家之所以维持部族制，原因之一是这种方式适合游牧生活。即使成为中原的统治者，北魏还是需要畜牧。如后将述，个人衣食生活可以通过小规模的个体畜牧来解决，但是若要满足国家级别的需求，则需要专业集团的组织。例如马的问题。北魏凭借其强大的骑兵军团得以统治中原，因而，维持军队的马匹供应非常重要。这些马饲养在平城周边和西面的鄂尔多斯等地。饲养这些马匹的养马人此前一直过着畜牧生活，很难让他们突然改变长期维持的畜牧方式和生活形态。因此，这些人保留了部族制。不过，这些从事畜牧的部族不一定维持着以前的规模。似乎北魏将其划分为更多的小部族，令其中一部分进行畜牧。北魏只是没有进一步离散这些小部族。由此看来，这些部族还是经历过离散的，只是较为粗疏。

也有一些部族没有成为离散对象。例如高车族就因粗野难驯而保留了部族制（也有学者认为这是北魏招揽高车的手段）。此外，较晚归附北魏的诸族，如匈奴系诸族、氐族、羌族等，他们不是内入诸姓或四方诸姓。北魏允许他们留在原居住地，没有进行强制离散。尔朱氏实际上就属于这种情况。部族离散的对象主要是内入诸姓和四方诸姓。确切而言，这些部族也分为被严格离散的和离散不甚严格的。

关于部族离散有很多争论，大致可以分为以下两种说法。一说离散到户，并令之附户籍；一说部族联盟被分解为部族，乃至部族以下的氏族单位。我认为既有被分解为散户的部族，也有只分解到氏族或氏族以下单位的部族。以上就是基于这个看法展开的说明。

3. 部族离散后的人们（1）

道武帝灭后燕称帝时，设立了畿内制度。畿内的范围东至代郡（今河北省蔚县），西至善无（今山西省右玉县），南至阴馆

（今山西省代县），北至参合（今山西省阳高县），基本与大同盆地重合。部族离散后的部民被安置在畿内，划为八部，各部由大人统领（称"八部大人"或"八部大夫"）。八部大人的设置自然是出于管理这些脱离原组织的人群的需要。这些大人由皇帝任命。另外，畿内的外部周边似乎也划分了诸臣服部族聚居的区域。史籍记载，北魏在畿内周边设有"八部帅"。该区域的北界是明元帝在423年修筑的长城，即赤城（今河北省赤城县）至五原（今内蒙古自治区包头市）一线。东界和南界是太武帝在446年意欲修建的"畿上塞围"（拱卫畿内的防御设施），即上谷（今北京市延庆区）至黄河①一线。西界是黄河北干流河段（参见图3-10）。

畿外居住的是未被严格离散的部族。这些部民被分为8个区域管理，管理者就是八部帅。②

与之相对，被严格离散的部族之民则多被安排在畿内。北魏切断了这些部民与原首领之间的统属关系，尽量把部族集团分散至个人。与这个问题相关的是，近年来备受关注的《申洪之墓志》。申洪之死于孝文帝初年，与迁都洛阳前的一般墓志不同，其墓志的后半部分采用了与墓志正文明显不同的字体。后半部分记载的内容是，申洪之从分别姓"文忸于""贺赖""贺赖""高梨"的四人手中购买了位于平城桑干河南的20顷土地作为墓地（面积很大，可能用作申氏一族的墓地）。卖家四人的姓氏都是改

---

① 可能穿过了中山隘门塞。《元和郡县图志》卷十四称甸服（王城500里以内区域）的南界在中山隘门塞（今山西省灵丘县）。
② 目前学界对部族离散后的分部制度观点不一。为避免冗长，这里仅述笔者的理解。另外，牧场不限于畿内周边区域。

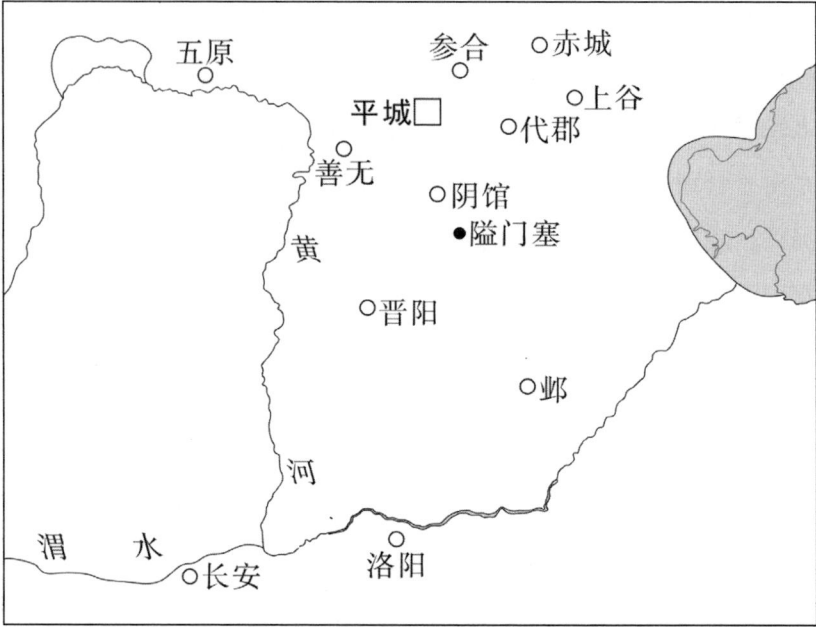

图3-10 畿内、郊甸关系图

图3-11　《申洪之墓志》（《书道全集》第六卷，平凡社，1967年，第37页）

姓前的非汉族姓氏①。这四人在平城附近拥有土地，且他们出让的土地相邻，可以形成一片完整的墓地。这说明他们不是按照部族聚居的，而是原部族被离散，部民各自分得了土地（以上据侯旭东研究）。

总之，部族离散分为两种情况：①离散为个人并进行编户；②分割为更小的集团。即使是①，也不是在某个时间点统一执行的，而是在一段时间内逐步推行的。

属于情况①的部民被安排居住在畿内，他们可能作为士兵成为北魏军事力量的主干。如前所述，北魏能够统治中国北方，凭借的是强大的武力。明元帝时期，因平城粮食短缺，一度出现过迁都邺城的提议。当时，汉族官员崔浩等进言：

> 今国家迁都于邺，可救今年之饥，非长久之策也。东州之人，常谓国家居广漠之地，民畜无算，号称牛毛之众。今留守旧都，分家南徙，恐不满诸州之地。参居郡县，处榛林之间，不便水土，疾疫死伤，情见事露，则百姓意沮。四方闻之，有轻侮之意，屈丐、蠕蠕必提挈而来，云中、平城则有危殆之虑，阻隔恒代千里之险，虽欲救援，赴之甚难，如此则声实俱损矣。今居北方，假令山东有变，轻骑南出，耀威桑梓之中，谁知多少？百姓见之，望尘震服。

---

① "文忸于"可能就是史籍中的"忽忸于"，它和"贺赖"都是内入诸姓；"高梨"可能是"高丽"，即"高句丽"。

迁都之议由此被打消。尽管与道武帝时期相比派兵的频率有所降低，但在太武帝统一华北之前，中央派遣的骑兵军团一直相当活跃，而经历了部族离散的人们在其中扮演了重要角色。

不过，骑兵军团也分为重骑和轻骑两种。重骑兵的士兵和马匹均配铠甲，这种方式提高了军队的攻击力和防御力，威力强大，却缺乏持久性。轻骑兵则胜在机动性和灵活性。《魏书》中记载的"精骑"和"轻骑"对应的就是以上两种骑兵。此外还有"步骑"，即配合骑兵军团作战的步兵部队。

不过，还有需要考虑的问题。北魏军团习惯在凯旋后分配战利品。例如，明元帝永兴五年（413）进攻越勤部，获得马5万匹，牛20万头，内徙2万余户。凯旋的将士们分得了牛马和奴婢。当然，这些牛马不可能立即吃完，而是由士兵们各自饲养。史料中没有提到羊，但从其他事例来看，肯定也包括羊群。这意味着将士们可能还进行畜牧。佐藤智水梳理了道武帝至文成帝时期携家族、家畜逐水草而居的大量事例，指出当时的鲜卑统治阶层还在相当程度上维持着畜牧生活。平城北面修建了巨大的鹿苑，东西超过10千米，苑内放养的是征服战争中获得的大量家畜。但是，鹿苑很难分为冬季牧场和夏季牧场，苑中家畜的畜养方式应该与诸族普遍的放牧方式有很大不同。即便如此，鹿苑中的畜牧也无疑具有重要意义。通过赏赐牛马羊来激励士兵的方式与其生活形态密切相关。

另外，归附诸族并非全部从事畜牧，也有从事农耕之人。这与北魏在征服战争期间不断推行的徙民政策有关。例如，上文中

图 3-12　铠马（茹茹公主墓出土）

图3-13　铠马士兵战斗图（《敦煌石窟2　莫高窟第285窟》，文化出版局，2001年，图75）

的越勤部就被徙民，并计口授田。这一强制人口迁徙到平城附近
的政策，常伴随着计口授田，即根据户口数分配耕地，同时还提
供耕牛和农具。徙民的对象多是汉族等熟悉农耕之人，但也包
括被征服的游牧民族。由此可见畿内粮食供应紧张。因此，不少
中国学者认为部族离散的部民大多从事农耕。但日本学界更倾向
于重视部族离散后维持畜牧生活的一面，笔者也是其中一员。当
然，农耕的一面也不容忽视。北魏给这些徙民分配土地，强制其
进行耕作，自然会离散到户。

上文指出，八部大人和八部帅统领离散后的部民，但有研究
指出，其下还可能设有下属组织。《南齐书·魏虏传》记载，太
武帝时期有"俟勤地何"一职，相当于中原王朝传统官职中的尚
书。近年发现的《元苌墓志》记载，北魏在太和十二年（488）
废除俟勤曹，改设司州（统掌京畿地区的州），元苌出任司州下
辖郡的太守。简而言之，这些居住在畿内的胡人本来由八国（八
部）或其后的六部、四部管理，此后改隶司州。也就是说，此前
这些人与郡县之民有所区别，但此后不再区分。"俟勤曹"既然
被称作"曹"，应类似于尚书省诸曹，可能负责与胡人有关的行
政事务（或许与南部尚书和北部尚书有关）。"俟勤"与学者们熟
悉的突厥部族首领官称"俟斤"（irkin）同名，五胡时期慕容氏
政权中也有"俟厘"一职，这些应该都是同一官职。

除了王侯、胡汉官僚和被离散的胡族，畿内的居民还包括
此后附籍司州的农民和工商业者。这些人多是新移民或者本来就
住在此地的胡汉百姓。大量的人口令畿内粮食需求巨大。特别是

在北魏结束征服战争，确立华北霸权以后，获得大量家畜的机会减少。因此，胡人食物中谷物的比重增加，其饮食结构也随之改变。胡人逐渐习惯食用粮食（他们原本的饮食中也没完全排斥谷物）。畿内开始渐渐依赖华北的粮食输送，不时陷入粮荒。青黄不接之年，朝廷会让畿内人口前往粮食充足的华北等地就食，即临时移民。

日常生活的其他方面也开始发生变化。发现于大同市沙岭村的北魏墓中有夫妇并坐的壁画。该墓修建于迁都以前，壁画中的夫妇头戴鲜卑帽，身着具有鲜卑特征的服饰，并坐于瓦房内（图3-14）。而同一时期的鲜卑墓葬壁画中也有很多狩猎场景。可见，汉人的生活方式在融入鲜卑人的生活。这是生活环境变化带来的必然改变。

4. 部族离散后的人们（2）

被离散的部族成员在军队中担任了从指挥官到底层士兵的各级职务，也有不少人成为官僚。前文已经提到，北魏存在独特的内朝官。在内朝官人数增加和内朝官体制日渐完备的时期，内入诸姓和四方诸姓的部民似乎首先就任内朝官。这一点可以通过前文对《文成帝南巡碑》（参见第048页）的分析得以理解。尽管无法确证内入诸姓、四方诸姓中均有人出任内朝官，但可能性很大。对他们而言，无论出任内朝官还是中原王朝传统官职，仕途之门都是敞开的。

然而，普通的旧部民是否能获得平等的待遇呢？从前面介

图 3-14　大同沙岭壁画墓东壁夫妻并坐图（韦正《将毋同：魏晋南北朝图像与历史》，上海古籍出版社，2019 年，第 129 页）。沙岭七号墓发掘于 2006 年。图中的墓主夫妇二人，妻子于 435 年去世，被称为破多罗太夫人。破多罗部是四方诸部之一

绍的姓族分定诏书（参见第053页）可以看出，是否为原部族大人的后代很重要。先祖的大人身份更有利于子孙的发展。道武帝天赐元年（404）十一月，赐"诸部子孙失业"者2000余人爵位（《太祖纪》）。一般部民没有所谓的"失业"，这里应该指的是失去大人地位者。大人分为多个等级，不仅有部族首领，还有部族下属集团的首领。在这里，赐予爵位是对剥夺统领权的补偿。目前学界对北魏前期的赐爵是否附带封邑等特权还存在争议，不过，获得爵位就意味着具有成为中层以上官员的资格。换言之，旧大人阶层的仕途仍然是通畅的。从姓族分定诏书可知，即使不是大人子孙也可成为官僚，但大人子孙无疑占据优势，两者并未被平等对待。

另外，离散部族政策尽管从组织上斩断了大人与其部民之间的统属关系，但并不能轻易切断他们情感上的连接。409年，道武帝被次子清河王拓跋绍弑杀，都内大乱。贺兰部贺泥（原族长贺讷的从侄）在距平城90千米左右的安阳城（今河北省阳原县）点起狼烟，原贺兰部部众纷纷云集响应（《外戚·贺讷传》）。贺兰部经历过三次部族离散，第三次被迫徙居发生在391年。即使已经过去了近20年，其成员的部族观念也没有完全消失。

长孙氏等帝室十姓的待遇又如何呢？这些与拓跋氏同族不同姓的部族在祭天仪式中承担了特殊角色，在祭场中的位置也与内入诸姓和四方诸姓有别。但在任官方面，虽然时有高官，却似乎没有被特殊优待。可能如前述姓族分定的规定，他们和"勋臣八姓"享受同等待遇。元姓的代王子孙亦如是。

至于封王的皇子及其第一代继承人（嗣王，即皇孙），一般出任三都大官①，或担任州级地方长官，又或成为军团统帅。直到孝文帝改革，这些人中没有担任中央官职的例子（与皇帝血缘疏远者除外）。

此外，没有被离散部族的诸族成员也可以成为官僚。不过，如前所述，在目前的史料记载中，这些部族出身的人，如氐族、羌族等，直到北魏末期都未见有成为中央高官的例子。

五、北魏政权下的汉族

在消灭后燕后，北魏需要直面的一个问题就是如何统治突然扩大的国土。面对无论是质还是量都急速增加的政务，以往部族联盟的统治组织显然无法应付。为了顺利统治中原，北魏迅速导入中原官僚体制，为此，不得不大量起用后燕的汉族官员，结果出现了"苟有微能，咸蒙叙用"的情况（《太祖纪》）。

与前燕有一定渊源的后燕，作为君临中国北方的政权之一，自然构建了中原王朝传统的官僚系统。其地方行政也采用了州、郡、县三级体制。在汉族农民占多数的地区，沿用汉族传统的官僚体系，依循传统的统治方式是恰当的选择。因鲜卑人口较少，深入行政末端的农村直接向农民收税只可作为一时的权宜之计，最终只能在郡县级地方管理机构中担任长官，利用汉族地方官吏

① 即中都大官、内都大官和外都大官，是仲裁"代人"事务的北魏特殊官职。

收税。这一发展趋势不可避免。五胡诸国基本上都采用了这种方式，北魏也不例外。如前文所述，在中央和地方要冲配置的以骑兵军团为核心的强大军事力量支撑着这个体制。

不过，后燕境内的汉族最初并不愿意出仕北魏。可能是因为刚刚建国的北魏与中原汉族社会接触较少，在文化方面也相对落后。例如，崔浩之父崔宏在北魏军队涌入后燕境内时选择逃难，但道武帝因早闻其名，派人将他追回（《崔玄伯传》）。又道武帝会见封懿，向其询问后燕旧事，封懿因对应不当而被遣返归家（《封懿传》）。封懿当是故意为之。再如崔逞，道武帝向其咨询军粮不足的对策，他回答可食桑葚。桑葚确实可以作为粮食，但崔逞的解释是："飞鸮食椹而改音，《诗》称其事。"道武帝知道"鸮"是在暗讽北魏，尽管恼怒，却没有对其加以处罚（《崔逞传》）。后来崔逞因为其他事件触怒道武帝而被杀（参见第162页）。

原后燕的汉族官僚，无论好恶，最后大多出仕北魏，支撑起建国初期的北魏。但是，他们的子孙却对进入政坛持观望态度，多是避世乡里教授学徒。改变他们的想法，或者说给他们带来希望的，是崔宏、崔浩父子。崔宏深得道武、明元二帝信任，与胡族功臣一同参与裁决政务。崔浩也凭借优秀的学识和战略眼光，为华北统一做出了贡献，太武帝宣称其"前后克捷，皆此人导吾令至此也"（《崔浩传》），后来崔浩官至司徒。司徒是三公之一。北魏在三公（太尉、司徒、司空）之上还设有其他官职，三公之下有尚书令、尚书仆射和中书监。这些职位在太和前令中为从一品及以上（太和后令中为从二品及以上），本书统称为三公级别。

崔氏父子地位显赫，是其他汉族官员很难企及的高度。

见证了崔氏父子的活跃和发达，加之华北统一、北魏政权日趋稳定，汉族士人的态度也开始转变。对接受儒家教诲的汉族士人而言，治国平天下本是最重要的使命。况且，当时还是一个崇尚累世高官的时代。五胡时期，政权大都短祚，一个政权灭亡后，汉族官僚通常不会殉国，而是继续在下一个王朝出仕。例如前面提到的崔逞，在北魏以前，他先后在前燕、前秦和后燕任官，其间还委身过丁零族建立的小国，在东晋势力扩张时也做过东晋的官僚。

太武帝在神麚四年（431）发布征士令，叙用有才能而未任官的贤人。应召的高允后来撰写了《征士颂》，据此可知当时应召者有35人（包括高允本人在内），另外还有因各种原因未至的7人。在这一时期，北魏境内的汉族名门，除少数特殊情况外，基本都出仕北魏。例如荥阳郑氏，由于荥阳地区刚刚并入北魏，最初郑氏未被列入征召名单，然而不久之后，郑氏便迅速跻身中央官员的行列。不仅是郑氏这样的高门，门第较低的家族也是被征召的对象。除了单独征召的征士外，北魏还要求州郡长官推荐当地贤士，被举荐者达数百人，这些人都被录用。

北魏不仅在灭后燕时吸收其汉族官僚，在攻陷大夏统万城（427）、灭北凉（439）时，都收用了原政权的人才。然而，其中后来能进入《魏书》列传的人物，数量不及431年征召者。431年的征召，是北魏历史上规模最大、效果最显著的一次汉族官僚任用的成功尝试。此外，还需特别提及的是，东晋灭亡后，司马楚之等司马氏一族逃入北魏，随后，刘宋灭亡时的刘昶、南齐灭亡时的萧宝夤等前王朝宗室，以及王肃等能臣，都在北魏担任高官，并发挥过重要作用。

然而，在太武帝时期之前，汉族官僚即使在北魏政权中成为高级官员（即太和后令中的三品官级别），也很难有进一步发展。最高等级的职位基本由帝室一族和内入诸姓、四方诸姓垄断。因此，崔浩致力于提升汉族士人在北魏政权中的地位。他的做法不仅引起胡人的反感，也受到了一部分担心其过于激进的汉人的反对。450年，崔浩被问罪族诛。他获罪的直接原因是由他主导编撰的北魏史中，直白记录了对北魏不利的内容，这些内容还被刻于石碑，于都城公开展示。但学者们一般倾向于从胡汉之争的角度解释崔浩之死。如后将述，此事的背景还包括他与寇谦之联手，令原本亲近佛教的太武帝转向道教，引起了灭佛运动，进而导致皇帝和皇太子之间的对立。不管怎样，无法否认的是，崔浩努力提升汉族官僚的地位，让汉族士人进入官僚体系的中枢，这一尝试最终为他招致了杀身之祸。崔浩被杀，众多名门受到牵连，汉族官僚遭遇打击。不过，汉族官僚的地位在接下来的文成帝、献文帝时期逐步上升。

六、皇帝亦可汗

如前所述，太武帝之前的北魏，尽管已占据华北并称帝，采用了中原王朝传统的官制和礼仪，但仍然保留着浓厚的鲜卑色彩。其中最显著的一个特征就是，北魏皇帝依然使用可汗号。

太武帝时期，远在东北的乌洛侯国遣使通报，该国境内有一座与北魏先祖相关的石庙。太平真君四年（443），太武帝派遣使者李敞前往查看，在石庙祭祀天地。《礼志》记录了该事件的经过和当时的祝文（祭文）。1980 年，学者米文平在大兴安岭东麓嫩江支流源头附近（今内蒙古自治区鄂伦春自治旗）发现了这个石室（现名嘎仙洞）。石室内壁保留的刻文与史料记载的李敞祝文内容基本一致。

石室的发现确定了拓跋部原住地的具体位置，这在当时引起了广泛关注。尽管现今仍有观点质疑祝文的存在是否足以证明此地是拓跋部的发源地，但至少在太武帝时期，这里被视为北魏先祖居住过的地方是毋庸置疑的。无论如何，这一发现具有重要意义。嘎仙洞的祝文较《魏书》收录的篇幅更长，两者内容基本一致，只有部分不同，嘎仙洞祝文更具道教色彩。更重要的是，嘎仙洞祝文在告祀天地时，将配祭的祖先称作"皇祖先可寒""皇妣先可敦"。可寒即可汗，可敦是可汗之妻。匈奴的首领称单于（单于之妻称阏氏），与之相对，5 世纪左右的北方游牧民族，开始使用可汗作为君主称号。在嘎仙洞的祝文中，对北魏皇祖的称呼就使用了可汗号。当时，北魏的君主已使用皇帝号，嘎仙洞祝文中就保留了"天子臣焘"（《礼志》中无"臣"字）的语句。汉代以后，皇帝在祭天祝文中称"天子臣某"，"臣"字后不书姓，仅称名。北魏在继承了汉代传统的同时，又以可汗号称前代皇帝。

图3-15　嘎仙洞祝文（《图说中国历史·南北朝》，中国地图出版社，2014年）。祝文第二行可见"天子臣焘"，第三行可见"李敞"，第十三至十七行为："荐于皇皇帝天，皇皇后土。以皇祖先可寒配，皇妣先可敦配。"（"荐"指供奉祭品）

可汗号与皇帝号并用，体现出北魏初期统治者身份的双重性。在统治以汉族为主的中原地区时，北魏君主使用皇帝号；在面对非汉族的其他部族时，则使用可汗号。这让人联想到五胡诸国也是皇帝与大单于称号同时存在。然而，前赵的大单于号是皇位继承人的称号，皇帝本人并不兼用。前燕慕容廆在臣服东晋时，被授予的官爵是"假节、散骑常侍、都督辽左杂夷流人诸军事、龙骧将军、大单于、昌黎公"，这里的"大单于"是皇帝的臣下。大单于号本是与汉朝皇帝对等，甚至凌驾其上的游牧国家首领的称号，但到了这一时期，大单于号的地位显著下降。值得注意的是，代王也曾臣服西晋，被封为大单于，可见该称号不可自封。北魏统治者通过可汗号统领以胡族为中心的骑兵军团，再凭借强大的兵力以皇帝身份统治中原民众。前文提到的内朝官，正是从胡族军事体系中产生并运作的，同时它发挥了对中原王朝传统官僚体系下官员的监察作用。

那么，北魏是从何时开始称可汗的呢？一般认为，402年柔然最先使用了可汗号，但罗新认为这一称号的使用可追溯到更早的386年道武帝即代王位。他指出，《礼志》记载的"西向设祭，告天成礼"，就是可汗即位的告天仪式。这一推测比较合理。也有观点认为，鲜卑系诸族原本用"可汗"来称呼部族酋长，而道武帝将其变成了最高统治者的称号。在此我们还是按照罗新的观点进行分析。

北魏的皇帝号与可汗号并用持续到什么时候呢？这个问题没有明确答案。从第一章考察的孝文帝改革来看，双号并用似乎延续到了这一时期。想来可汗号不只是口头称呼，还需要有与之相应的组织形态。可能前文提到的俟勤曹等官僚组织支撑着可汗体制。俟勤曹废止于太和十二年（488），则可汗号大概在此前后停用。另外，《礼志》中没有关于可汗号的记载。《魏书》编撰于北齐时期，北齐是北魏分裂后继承东魏的国家。北齐时期编撰的这部史书中刻意抹除了可汗号所代表的体制。

此外，《北史》中保留了疑似可汗即位仪式的记载。在魏末的动荡中，532年，权臣高欢拥立孝武帝。孝武帝的即位仪式遵从了"代都旧制"，由7人蒙以黑毡，皇帝在毡上向西拜天后进入洛阳城（详见第五章）。罗新指出，这一仪式与内亚游牧民族首领的即位仪式存在共同之处。虽然不清楚西郊祭天时期北魏君主的即位仪式是否一律如此，但至少在北魏建国后相当长的时间里极有可能举行过此类仪式。

第四章
变化之兆

. . . .

在统一华北之后，北魏面临着统治区域空前扩大的新挑战。如何应对这一局面成为当务之急。尽管北方与柔然的战斗、南方与南朝的对抗仍在继续，但通过征服获取大量战利品的方式已难以为继，因此，北魏君主需要调整此前依靠分配战利品来管理胡族的策略。此外，如何处理大量汉族官僚与民众的问题也逐渐浮现，此前的处理方式亟须重估。本章将探讨北魏政权是如何应对这些挑战的。

一、军镇的变化

在消灭后燕、接管华北后，北魏在占领区设置了州。道武帝时期，共设置了8个州。随着统治区域的不断扩大，州的数量也随之增加，到太武帝时期已经多达23个。州的长官是刺史，主要负责民政，也指挥州内的军队（州军）。州下设郡，郡的长官为太守。郡下设县，县的长官为县令。"州—郡—县"的行政结构源自汉代，后被五胡诸国广泛采用，北魏也不例外。通过史料可知，北魏前期的州分为上州和下州（后期分为上、中、下三级）。

与郡并置的是（诸部）护军，主要用于管理保留部族组织的地方胡族。护军多冠以地名，如离石护军。护军一职在魏晋时期已经出现，至五胡诸国时期开始被大量设置，尤以关中至河西地区为多。北魏初期延续了这一制度，至文成帝时废除，护军转任太守。

北魏的地方机构除州、郡外，还有军镇。北魏的军镇数量庞大，成为其区别于其他政权的一个显著特点。军镇以军事为核心，在道武帝和明元帝时期，数量还比较少，有些军镇甚至被改设为州。到了太武帝时期，军镇的数量大幅增加。根据严耕望的研究，太武帝时期共有军镇37个，其中二十七八个都是太武帝设立的，而且这些军镇多在此后发挥了重要作用。太武帝以后，随着统治区域向南扩张，北魏不断在前线增设军镇。彭城、悬瓠等军镇都设于军事要地，在对南朝战争中发挥了重要作用。

军镇本质上是军事组织，不过也可以分为以下几个类型。第一类军镇设立在没有州、郡等行政单位的地区。这类军镇的辖区面积可与州、郡相当，管理对象包括士兵和普通民众。这意味着军镇的统领——镇都大将（简称镇将）不仅负责指挥该军镇的军队，还兼管行政。此类军镇的典型代表是六镇。六镇大致位于平城以北，北纬41°一线，沿着构成蒙古高原南界的阴山山脉设立。关于六镇的具体构成，存在多种说法，不同时期也有所变化。迁都后较为重要的军镇有御夷、怀荒、柔玄、抚冥、武川、怀朔和沃野等镇。其中，沃野镇最初位于其他诸镇的南部，后来北移，与其他军镇形成东西呼应。此外，西边的薄骨律镇（今宁夏回族自治区灵武市）和高平镇（今宁夏回族自治区固原市）也很重要。此类军镇在迁都后大多保持军镇的形态。

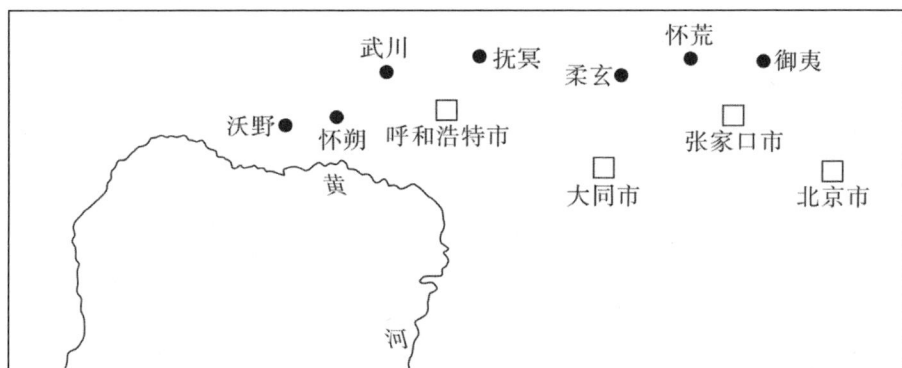

●为古地名，□为今地名

图4-1　六镇分布图［据佐川英治《北魏六镇史研究》,《中国中古史研究》(第五卷),中西书局，2015年]

图4-2　克里孟古城（一说为柔玄镇遗址）附近

　　第二类是与州、郡并置的军镇。在这类军镇中，州、郡的内部行政由州刺史和郡太守负责，镇将专司军事。刺史与镇将的职位有时由一人兼任，也有分属的情况。从这类军镇的分布来看，除了东北的和龙镇（设于营州）和北方的云中镇（设于朔州）外，整体上北方少，南方多。这些军镇多设在北魏统治华北的重要据点或与南朝对峙的前线，如长安镇（设于雍州）、虎牢镇（作为洛阳东部防线的据点，设于北豫州）、悬瓠镇（设于豫州）和仇池镇（设于梁州）等。此外，凉州镇（设于凉州）地处原五胡政权北凉的都城姑臧，是北魏统治西域的重要据点。此类军镇大多在孝文帝迁都洛阳之前被废除，并统一纳入州的行政体系。余下一些废除时期不明者，也可以确定在太和年间被废除。只有统万镇的情况稍特殊。统万镇设在原五胡政权之一夏国的都城，太和十一年（487）北魏设立夏州，此后州、镇并置。因此，统万镇和其他州镇并置的情况不同，更接近独立的军镇。

　　第三类军镇相对特殊。它也管理一定区域的土地和民众，但其长官由镇将担任，而非州刺史或郡太守。此类军镇在形态上与第一类相似，但它们大多穿插分布在华北的州郡之间。这些军镇在孝文帝迁都洛阳前就被改编为州或郡，是介于第一类与第二类之间的存在。

　　以上三种类型的军镇中，第一类在孝文帝改革后仍然存在，第二类和第三类基本在孝文帝改革前被废除，改为州、郡。这表明北魏初期浓烈的军事统治色彩逐渐消退，逐步转向中原王朝传统的地方管理体制。然而，部分军镇的保留显示出北魏仍然残存了一些军事统治的特征。北魏没有废除第一类军镇，是因为这些军镇位于北方和西北等邻接游牧政权的前线，需要维持以军事为中心的体制。关于设置六镇的目的，学界有多种观点。佐川英治提出，六镇主要用于安置太武帝时期俘获的大量高车族人，这一见解颇受关注。不过，他也承认六镇承担着防御柔然的职责。佐川英治认为，北魏在每年秋季至冬季动员平城的中央军北上，与六镇军队协同应对柔然的威胁。在北魏迁都洛阳后，这种方式难以为继，故而六镇防御柔然的作用增强。

此外，在北魏统一华北之后，州的数量持续增加。其原因包括淮北等南面国境线的变动、一些军镇被改为州等。同时，州的细分化趋势也不容忽视。尤其是北魏末年动乱至北朝末期，州的数量显著增加，不少州只下辖1~3个郡，很多郡的设置情况不甚明了。州的数量增多的现象也见于南朝。这一状况的余波是隋统一全国后，废除郡一级行政单位，直接采用了州县制。

二、向镇军和州军分派代人

北魏的军镇中生活着哪些人呢？在六镇之乱爆发初期，部分中央官僚认为，叛乱的原因在于军镇的变质，并据此提出对策。他们指出，军镇设置伊始，北魏把"中原强宗子弟"或"国之肺腑"作为"爪牙"分配到军镇（《北齐书·魏兰根传》）。"国之肺腑"自然指的是以鲜卑族为中心的代人。在部族离散后，居住在畿内、曾是北魏军事主力的部分代人被派到军镇。就军镇之于北魏的重要地位而言，这是必然的举措。而且，从已知的军镇人员姓名也可以推测出他们是代人。军镇人员构成的另一部分——"中原强宗子弟"，指的应该是汉人。原本这类人的绝佳代表是隋朝皇帝祖先弘农杨氏和唐朝皇帝祖先陇西李氏，不过近年来两族属于鲜卑系的观点逐渐占主流，所以不能算作好例。另外，镇民的来源还包括北魏征服的原南朝北部地区的百姓、五胡诸国的民众（如北凉遗民）等。既然作为北魏统治根基的代人也分配到军镇，那么中原强宗（汉人豪强）被强制派遣便不足为奇了。

此外，高车等保留了部族组织的各族和那些未被严格离散的部族，以原有的组织形态生活在军镇中（如西部军镇内的氐族和羌族）。这些部族平时以畜牧为生，在需要时则成为士兵。部族首领在军镇内部的军事组织和行政组织中享有相应的地位。

文成帝以后，死刑犯开始被发配到军镇以免除死刑。或许以这些"流刑"犯和从中原移民来的汉族为中坚力量，军镇也开展了农业生产。

由于军镇可以被改为州、郡等行政单位，所以其面积相当广阔，隶属于军镇的居民自然也有着多种多样的来源。尽管如此，由于军镇的主要任务是武力控制边境，因此，作为北魏军事力量根基的人们才是主力。

另外，各州也配备有军队（州军）。在统治区域面积较小时暂且不论，随着统治区域的扩大，不可能每次军事行动都出动中央军。结果，当地方需要采取军事行动时，首先由当地的州军和镇军处理，如果无法平息，中央军再进行支援，由此形成了中央军和地方军分工的体制。设置州军、镇军势在必行，我们可以通过资料确认州军内部有代人或代人子孙，或许正是他们构成了州军的核心。

前章已述，畿内的代人被分为八部（八国），他们不断被分配到新设的镇军或州军。考虑到人口增长因素，仅仅分派至镇军或州军似不足以造成代人的人数减少，但八部所属人口数量确实在下降。八部先后变为六部、四部，可能正是人口减少的结果。不过，六部出现在明元帝时期，四部出现在太武帝时期，也有人认为部数的变化不完全是由人口减少导致的。

不过，州军中的代人数量不占绝对优势，有很大一部分是被征服的诸族士兵。兵力不足时，还会征用汉人。

另外，分配至军镇的人世代在此居住，于当地安置户籍，成为"镇民"。分配至州军的人居住在州的核心城市，他们被称为"城民"。

这里附带提一下州刺史的军事指挥权。州军由刺史指挥，其指挥权由刺史身兼的都督号——"都督某诸军事"标示。这个都督号表示该人拥有"某某"地区（多数情况是州）的军事指挥权。通常，北魏赋权刺史都督的州数不多，多者都督三州，一般只有一州。都督五州以上的情况极少，属于特例。若爆发叛乱或敌军入侵，当州刺史指挥其都督下的州军处理，若不能解决，则由中央遣诏派中央军处置。这时，指挥官就不再是州都督，而是征讨都督（即指挥中央征讨军队之都督）。不过，发遣的中央军规模不一定很大，多数情况下，是征讨都督指挥邻近诸州的军队加入战斗。这与东晋南朝常见的一人都督数州的情况有显著差异。北魏采用这种制度，确保中央对地方的控制。

在北魏末年发生内乱以后，不仅出现了多种指挥更小规模部队的都督，还出现了很多行台。行台作为中央尚书省的分支机构，兼有民政权和军权，其长官如"兼尚书左仆射行台"。行台大多统管数州，以州为单位的都督制渐成空壳。另外，西魏、北周的总管，虽然也有仅治一州者，但通常还是兼管数州军事，并兼任刺史。由此，刺史逐渐失去对州军的指挥权，到了隋朝，总管制被废除，地方军权收归中央。

三、文成帝和献文帝

以上介绍了太武帝统一华北后的变化，其中也涉及部分孝文帝改革后的情况。本节将简单介绍太武帝末年以后的政治状况。

太平真君十一年（450），太武帝的治世接近尾声。是年六月，崔浩获罪被族诛；次月，南朝刘宋发动了大规模军事入侵。太武帝率兵亲征，大破宋军，并乘胜追击，年末已兵临长江北岸。不过，此次北魏最终撤军，没有借机扩张领土。

次年，皇太子拓跋晃去世。《魏书》记载，他因触怒太武帝而忧死（《阉官·宗爱传》）。但事实似乎并非如此。拓跋晃在延和元年（432）被立为皇太子，自443年开始监国。当时的监国是替皇帝分担政务。然而，随着这种体制的长期运行，皇太子领导的东宫系官员与太武帝身边的官员渐生矛盾，最终导致皇太子与皇帝之间爆发冲突。结果是皇太子一派密谋暗杀太武帝，皇太子失败被杀。明元帝和太武帝两朝设立的皇太子监国制度自此消失。北魏的监国制度原本是为了保障皇位的顺利继承，但长期以来，这种制度导致双重权力结构，反而成为皇权的障碍。

452年，北魏发生了更为严重的事情。是年二月，与监国时期的皇太子对立的宦官宗爱弑杀了太武帝。太武帝死后，朝中大臣原本计划立太武帝诸皇子中年长的东平王拓跋翰为帝，但这一计划被宗爱打乱，东平王被杀，宗爱改立东平王之弟南安王拓跋余为帝。然而，南安王在同年十月也被宗爱所杀。南安王在位不足一年，年号为"承平"①，其死后无谥号，在《魏书》中也未被正式承认。尽管如此，当时的百官并未对南安王的即位提出异议，可见北魏的嫡长子继承制似乎尚未完全确立。

因南安王被害，部分官员诛杀宗爱，立原太子拓跋晃的长子拓跋濬为帝，是为北魏的第五代皇帝文成帝②。文成帝即位后，追封其父拓跋晃为景穆帝（庙号恭宗），景穆帝诸子都被封为王。文成帝时期，除即位后复兴佛教外，无重大政治事件发生。

465年，文成帝去世，他12岁的长子即位，即第六代皇帝献文帝拓跋弘。献文帝即位之初，由拥立他的大臣乙浑掌权。不到一年，曾为文成帝的皇后的文明太后发动政变，扳倒乙浑，开始临朝称制。但文明太后称制的时间非常短暂。次年，献文帝长子

---

① 《魏书》作"永平"，本书从《资治通鉴》。
② 尽管《魏书》不承认南安王的皇帝身份，但他毕竟已经登基，故本书将其视为北魏第四代皇帝。

拓跋宏（后来的孝文帝）出生，文明太后宣称要专心抚养皇孙，不再称制。

不过，文明太后当然不会专心于此。朝堂上在位的高级官员与太后称制时期并无二致，12岁即位的献文帝难免受到太后一派的掣肘。后来，文明太后迫使献文帝立年仅3岁的拓跋宏为皇太子，并禅位于太子。

献文帝也尝试过反击，诛杀了颇受文明太后宠爱的李奕一族。献文帝同意禅位，但他属意的对象不是皇太子，而是他的叔父京兆王拓跋子推（景穆帝子）。献文帝的计划没能成功。最终在471年，即将年满5岁的孝文帝即位。献文帝在退位后以太上皇帝的身份总揽国政，这是他与太后派博弈平衡的结果。

献文帝成为太上皇帝后数次亲征，于承明元年（476）突然离世，年仅23岁，很可能死于文明太后的暗杀。此后，文明太后再次临朝称制。在她称制的最初4年里，官员调动频繁，多个身居高位的官员被处死。这可能是文明太后固权的一种手段。此后一直到490年，文明太后称制时期的北魏政局稳定。

献文帝时期北魏的一大变化是占领了大片南朝领土。当时，刘宋内乱，宋明帝废黜了恶名昭著的前废帝，自己即位。其侄晋安王刘子勋在465年末举起反旗，并称帝。邻接北魏边境的刘宋数州刺史响应。叛乱持续到第二年。在此过程中，这些刺史转投北魏。彼时献文帝刚即位，当北魏派出援军时，刺史们又倒向刘宋，转而抗击北魏。尽管局势错综复杂，但淮水以北（淮北）的刘宋诸州最终都被北魏收入囊中。山东半岛（古代地名齐）也划

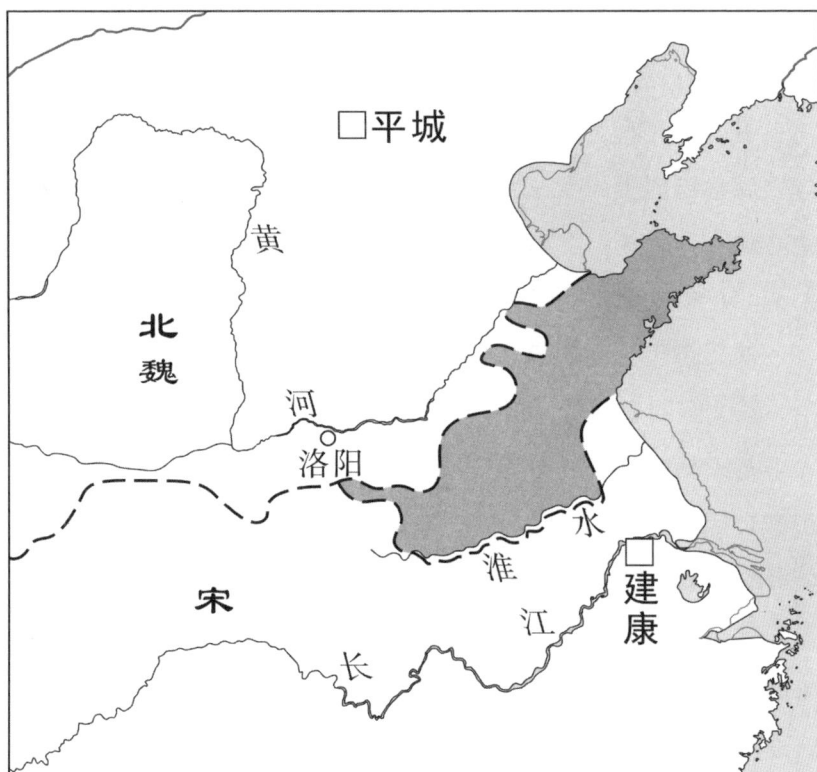

图4-3 北魏新领地图（根据谭其骧主编《中国历史地图集》宋魏时期全图
与齐魏时期全图制成，虚线为疆界线）

归北魏（图4-3中阴影部分）。抵抗北魏之人（以诸州刺史及其僚属为主）被迁到畿内的恶劣之地，他们被称为"平齐民"。不过，此后平齐民也有不少活跃于北魏政坛，出现了名留《魏书》的人物。北魏不仅扩张了领土，还获得了大量人才。

四、文明太后称制时期

列名于《文成帝南巡碑》（参见第048页）碑阴第一、二列的高官大多出身胡族，也有10余人是汉人。但是，这些汉人大多情况特殊。10余人中至少有5人是宦官，这反映了北魏宦官可以在朝中任职的事实。另外，北魏的外戚常被封王，地位显赫，10余人中也有出身外戚常氏一族者。此外，还有数名在《魏书》中出现的人物。尽管崔浩被族诛事件给汉族官僚造成了巨大打击，但在北魏，汉人仍然可以在地方上担任州刺史、镇都大将等职务，在中央则可担任三品左右的官职（据太和后令）。然而，此后相当长的一段时期内，汉族官员中再未出现像崔浩那样能够参与国政大事的人物。

转机出现在文明太后第一次临朝称制时。史书记载，高允、高闾入禁中"参决大政"（《高闾传》）。高闾当时不过是中书侍郎（太和后令中为从四品上），虽难以评估他在重要决策中的参与程度，但他至少具备出入禁中并发表政见的资格。此后，他还数次受到献文帝召见，共商国是。在孝文帝即位6年后，高闾代替高允成为中书令（太和后令中为正三品），开始参与机密。在崔浩事件中，高允也是史书的撰者之一，险些被一同问罪，经过皇太子（景穆帝）的斡旋，高允才免于处刑。不过，在431年一同被征召的诸人中，其他人不断高升，只有高允在27年间始终官居中书侍郎。高允在文成帝太安三年（457）前后进位中书令，献文帝退位后升任中书监（太和后令中为从二品）。此外，列名于《文成帝南巡碑》中的李䜣也深受献文帝的宠信，他"参决军国大议"，又掌握人事权，权势炙手可热，其他官员对他无不服从（《李䜣传》）。尽管这些人"参决"政治的范围还可再议，但无疑参与了国政大事。李䜣在献文帝死后不久升任司空。这似乎是剥夺他实权的一个手段。不久，有知道文明太后不喜李䜣的人进谗言，导致李䜣被处死。

由此可见，在献文帝在位时，即文明太后第一次临朝称制以后，汉人开始逐渐进入北魏的政治中枢。当然，这一现象并非突然出现，早在文成帝时期就已经显现端倪。

与此相关的一个有趣现象是北魏皇后的出身。前面已经指出，北魏的皇子在被立为皇位继承人后，生母将被诛杀，而在皇子即位后，她却能获得生前没有的皇后号。因此，北魏的皇帝通常有数位皇后，除正式册封的皇后外，还有一些皇后称号是追授的。这里我们要关注的是生前被正式册立的皇后们。道武帝的皇后是后燕皇帝慕容宝之女。明元帝的皇后是后秦皇帝姚兴之女，然而，她未能通过北魏独特的立后仪式——铸造金人（青铜人物像），因此没能被正式册立为后，只有皇后礼遇。太武帝的皇后是夏国皇帝赫连勃勃之女。可见，北魏初期三代皇后都是五胡诸国的公主。文成帝的皇后文明太后是五胡诸国之一北燕的皇帝的孙女，但她是汉族。献文帝没有正式册立皇后。孝文帝的两任皇后都是文明太后的侄女。直到北魏的第八代皇帝宣武帝时，才出现非皇室血脉且出身汉族的皇后（不过他的第一任皇后是胡族）。也就是说，文明太后既出自五胡国家的皇室，又是汉人，这一点恰好与北魏立后的转变期相吻合。不过，北燕皇帝冯氏可能是鲜卑族与汉族的混血儿，其生活习惯也鲜卑化，是否能视为汉族还很难说。

随着汉人在北魏政界影响力的增强，汉人与代人之间逐渐开始通婚。例如，代人陆丽（死于文成帝和平六年，465），出身于内入诸姓之一的步六孤氏（后改姓陆），他的两任妻子都是汉人。一为杜氏，生陆定国；一为张氏，生陆叡。不过，张氏原本是皇太子拓跋晃的宫人（侍奉宫廷的女性），后被赐予陆丽，这与普通的婚姻有所不同。张氏之子陆叡想迎娶博陵崔鉴之女为妻，崔鉴说道："平原王才度不恶，但恨其姓名殊为重复。"（《陆叡传》）陆氏改姓前为"步六孤"氏。博陵崔氏虽不及"四姓"之一的清河崔氏，但也是名族。崔鉴尽管有所不满，但还是应允了这桩婚姻。陆叡丧父时仅10余岁。鲜卑族一般结婚较早，假设他20岁结婚，那么这件事当发生在孝文帝即位后不久。他的同父异母兄陆定国之妻出身四姓之一的范阳卢氏，而前一任妻子出身河东柳氏，虽不是四姓却也为名门。陆叡大致生在文成帝初年，其父陆丽娶汉族女子可追溯至太武帝末年。

不过，元氏（拓跋氏）在孝文帝即位以前与汉族女性通婚的例子并不多。从史书列传和墓志来看，除后宫外，只有数例。皇帝之女出嫁汉人的事例也稀见，且对象仅限于亡命而来的南朝皇室和外戚。由于列传记载有选择性，墓志也多制作于迁都以后，所以可以设想当时胡汉通婚的例子可能会多些，但即便如此，在迁都洛阳之前，这一现象也并不普遍。

这种情况随着孝文帝分定姓族而发生了变化，他为自己的6名皇弟选择王妃，推动汉人与代人联姻。这6名王妃中，如前所述，出身四姓者3人，次于四姓者2人，代人1人。孝文帝还为自己的后宫纳入了太原王氏、范阳卢氏、清河崔氏、荥阳郑氏等四姓女子，以及陇西李氏之女（《资治通鉴》卷一四〇）。孝文帝不仅推动胡汉通婚，还鼓励门第相当的家族通婚。此后，史料中代人和汉人通婚的例子大增。

由此来看，早期陆氏（步六孤氏）与汉人通婚可能是个特例。没有其他像陆氏这样数代与汉族通婚，且发生在孝文帝改革前的例子。陆氏可能是这一潮流的先锋。

另外值得关注的是代人开始学习儒家传统知识。其中的代表还是陆氏。史书称陆丽热心学术，他交往的对象都是笃行之士，有至孝，在为父服丧期间哀毁过礼，身心交瘁。这种描述一般用于汉族知识分子，这意味着他修习儒学，并付诸实践。北魏道武帝时开设了国子学，明元帝时改称中书学，教授高门大官子弟。孝文帝改革前，在那里学习的几乎都是汉人，除了两个人。其中一个就是陆丽之侄陆凯；另一个是源贺，出身西秦秃发氏。这似乎说明其他胡族不熟悉中原文化。然而，从任城王元澄来看，事

图4-4 《冯熙墓志》（赵君平、赵文成编《秦晋豫新出墓志搜佚》，国家图书馆出版社，2012年）。墓志长、宽均为62厘米。出自盗掘。冯熙于太和十九年（495）一月于平城去世，年58。与先逝妻子之棺一同运至洛阳，葬于邙山。墓志后6行为铭文

实并非如此。元澄是孝文帝的叔父辈，史书称他少年好学，深受孝文帝信赖，经常参与朝廷议事，对古代典故信手拈来，还和孝文帝有诗文应酬。平城有皇宗学，当是教育宗室子弟的学校，任城王自称："昔在恒代，亲习皇宗。"（《任城王传》）孝文帝在迁都前还临幸过皇宗学。或因在这里学习的缘故，宗室中还有其他人也深受汉文化熏陶。孝文帝之弟彭城王元勰，修习儒家经典与史籍，夙夜匪懈，并善做文章。元勰在懂事后，请求为生他时去世的母亲服丧（追服）。虽未获得文明太后的许可，他依然主动服儒家三年之丧，其间形销骨立，从不参与吉庆之事（《彭城王传》）。孝文帝本人也颇具汉文化涵养，这从他和任城王的诗文互动就可见一斑。史书称孝文帝曾亲自撰写诏敕，诏敕通常要求用语典雅，非古典文化底蕴丰赡者不能为。孝文帝还为文明太后之兄冯熙撰写过墓志（参见第040页）。尽管只是300余字的短文，然颇有章法，足见其功底深厚。

孝文帝即位后，宗室和代人学习汉文化传统知识的事例增多，这显然受到孝文帝汉化政策的影响。当然，这一变化并非一朝一夕之功。陆氏、任城王元澄可能是个别现象，但不可否认，具备汉文化传统知识的代人正逐渐涌现。

五、均田制和三长制

文明太后临朝称制后，进行了大刀阔斧的改革，于太和九年（485）颁布了均田制和租调制（均赋制），次年又颁布了三长制。

484年和486年分别针对中央官僚和地方官僚实行俸禄制。短短数年间施行的这4项新政策互为表里。

读者可能会对北魏在这一时期才制定官僚俸禄制度感到奇怪。事实上，北魏此前并未给官员发放过俸禄。那么，他们是如何维持生计的呢？尽管具体情况不明，但有一种说法认为，与官厅存在商业联系的商人在其中起了作用。针对反对意见，拥护俸禄制者称："若不班禄，则贪者肆其奸情，清者不能自保。"（《高闾传》）可见，此前官员的收入似乎来自对百姓的掠夺。这种方式显然不利于长治久安，因此北魏推行了俸禄制。为确保俸禄的发放，北魏还增加了按户征收的赋税（户调）。

在征服战争结束后，北魏政府把注意力更多地转向农民。正如前述，北魏初期强制迁移被征服地区的百姓到都城平城周边，并按人口分配土地耕种。这一举措旨在充实国都附近的人力，保障战争顺利进行。然而，当整个华北被纳入北魏版图后，如何确保被征服地区的税收稳定成为朝廷的重要任务。因此，北魏迫切需要反思统治民众的方式。

另外，如前所述，北魏在统一华北后向各地部署军队，在对南朝的漫长战线上部署了大量兵力。在夺取刘宋淮北之地以后，兵力缺口进一步扩大。北魏在前线部署的兵力包括代人军团、高车等依附诸族和被征发的汉族农民，这些汉人一年一换防。为了有效控制这些农民，北魏需要保证他们生活稳定，且登记在户。

那么，此前农民的生活状况如何呢？经过五胡十六国时期的长期战乱，华北农村逐渐整合为以豪族为中心的集团。豪族团结一族的力量，进行先进的农业生产。他们将自家土地上的佃农和奴隶组织起来，武装自卫，同时将周边的农民聚集到自己周围，提升自己区域的防御能力，共同应对困境。一些实力强大的豪族由于家族的迁徙，其影响力辐射范围巨大。五胡诸国并没有瓦解这些势力，反而任命他们为中央和地方的官员，利用他们的力量。北魏也效仿了这一做法。这里举一例说明。以荥阳为本籍的郑氏一族扩张至淮水以北，颇具地方影响力。献文帝时期，淮北并入北魏，部分刘宋刺史治下的民众尽管归降，但仍心存疑惧。对此，北魏下令参军事（僚属）郑羲安抚这些民众以收人心。这当然是考虑到郑氏在这一地区的影响力而做出的安排，并因此收到实效。

考虑到代人的人口数量有限，北魏显然无法将权力直接延伸到农村的最基层。因此，授予汉人豪族地方或中央官职，吸纳他们进入统治集团，成为北魏的自然之选。然而，不少豪族将其羽翼下的大量农民登记为自家户口，借此免除政府的租税和徭役。北魏前期以户为单位征收租税，即使包含多个小户的上等户，也只需要缴纳一户的租税。当然，在这些豪族名下的农民虽然逃脱了国家的赋役，但要承受豪族的剥削。《李冲传》记载，李冲提出三长制的背景时形容道："旧无三长，惟立宗主督护，所以民多隐冒，五十、三十家方为一户。"这被称为"宗主制"。

三长制就是要瓦解宗主制，将民户以五家为一邻、五邻为一里、五里为一党的方式重新组织起来。邻、里、党各置一长，由三长（邻长、里长、党长）制作户籍，朝廷再根据户籍征税。虽然三长可以免役，却需要承担不少其他重担。三长的名称和户口数在此后有所变化，例如，西魏时期实行的是二长制。

　　根据户籍，农民分配获得土地。太和九年（485）诏称："今遣使者，循行州郡，与牧守均给天下之田，还受以生死为断，劝课农桑，兴富民之本。"（《高祖纪》）均田制宣告施行。根据这个规定，15岁以上的男子（丁男）可获得土地40亩，妇人可获20亩。这些田地用以种植谷物，其产出用作租税，称为"露田"。由于当时实行的是休耕法，男女还可分配到同等数量的露田用以轮耕，前者称"正田"，后者称"倍田"。妇人（已婚女性）也是授田对象，这是因为租税制度以一夫一妇为单位。这一点将在后文详细展开。亩是面积单位，6尺见方为1步（唐以后是5尺），240步见方为1亩。这些土地的户主可以一直耕种到老年（71岁以上），户主死后需返还官府（返田和受田合称"还受"）。另外，北魏还分配给男子20亩土地用以种植桑树50株、榆树3株、枣树5株（称"桑田"）。若田地不适合种桑，则改为种麻，麻田配给10亩。妇人受麻田5亩。朝廷对桑田、麻田征收帛或麻布作为调。桑田在户主死后需返还，麻田可保留。这意味着男子原则上可以获得100亩（1顷）土地，另外还有按三人一亩分配的园宅地。此外，北魏还给奴隶、耕牛分配土地。该举措被认为是由于当时土地有富余，并顾及了豪族的利益。不过，从这一时期记载农业经营的《齐民要术》所描绘的中农阶层的农作方式来看，这是顺应实情的做法。分配给奴婢的露田、桑田与一般男子和妇人的亩数相等，牛则是正田、倍田各30亩。奴婢按照五人一亩配给园宅地，牛无园宅地。

农民在获得土地后，需要在三长制下轮流服兵役，另外，每对夫妇还需缴纳帛1匹（麻田为麻布1匹。1匹为宽2尺2寸，长4丈）和粟（未脱壳的谷物）2石。也就是说，北魏的均田制以夫妇为给田和各种赋役的基本单位。耕牛和奴婢的税额也有相应规定。收缴的租税被分为三份，一份上缴中央，一份留在地方，一份用作官员俸禄。而随着军费激增，不久后北魏开始额外征收棉、麻。收缴的谷物统称为"粟"，实际上以小米、黍等杂粮为主。当时，华北主要栽种豆、麦等农作物，部分地区也种植水稻。

那么，北魏在均田制以前征税几何呢？朝廷根据农户的资产将其划分为九等，以此为基准征税。平均每户需要向中央输送帛2匹、絮（棉）2斤、绢丝1斤、粟20石。此外，还有用以填补军需的"杂调"。与均田制实施后相比，每户的负担看似更重，这是因为三长制实施前每户人口较多的缘故。

唐朝的土地分为口分田和永业田，不再给奴婢和耕牛分配田地。尽管有所变化，均田制和租调制等重要制度依然延续到了唐朝。三长制等政策的制定者是李冲、李安世等汉族官员。李安世把均田制追溯到远在西周实行的井田法，可见这些制度参考了中原传统和汉代以来的政策。然而，正如前文所述，这些政策作为解决北魏当前面临的问题而制定、实施的特质更加突出。

在公卿讨论三长制时，于各种议论中一锤定音的是文明太后。她说道："立三长，则课有常准，赋有恒分，苞荫之户可出，侥幸之人可止，何为而不可？"（《李冲传》）从中可以看出，文

課則受田老免及身沒則還田奴婢牛隨有無
田再倍之以供耕作及還受之盈縮諸民年及
受田三十畝限四牛所授之田率倍之三易之
露田四十畝婦人二十畝奴婢依良丁牛一頭
九年下詔均給天下民田諸男夫十五以上受
曹縣東海郡之贛榆襄賁縣皆以麻布充稅
縣華州華山郡之夏陽縣徐州北濟郡之離狐
陽郡之寧夷縣北地郡之三原雲陽銅官宜君
芜郡之菖諸東莞縣雍州馮翊郡之連芍縣咸

魏書志十五　六　朱大韶

图4-5　均田制的相关史料（《魏书·食货志》），蜀大字本《魏书》书影。均田制相关记事自第5行开始

明太后不仅清楚地认识到当时的问题，还积极采取措施应对。北魏的社会和统治者都在发生变化。

佐川英治指出，设立三长制的一个重要原因是需要对汉人征兵。本书吸收了这个观点。渡边信一郎则进一步明确了北魏末期和东魏兵制中对汉人征兵的内容，及其与三长制之间的关系。这里稍作展开说明。在这一阶段的"三长"中，原本的25家为一里变成了20家为一闾，其中闾长5人，剩下的15人组成一组，各组中一人从军，其他14人提供绢作为资助。按照这样的方式轮流从军，15年后完成一轮。这种轮换之法在三长制创设之初就已经存在。

佐川英治认为，均田制的创立也充分考虑了兵役的重要性，但孝文帝亲政后不久，北魏的政策开始向重视农业生产的方向转变，出现了给女子授田等变化。本书不拟对这些内容进行深入探讨，这些因素不会严重影响本书中描述的文成帝以后北魏社会变化的大趋势。

另外，与货币经济广泛渗透的汉代相比，魏晋南北朝时期通常被视为是以实物经济为主，货币的地位相对较低。不过，史书中还是有五胡诸国铸造货币的记录，未见记载的各种货币也多有出土。尽管北魏在实施均田制前没有铸造货币，但后来在太和十九年（495）铸造了太和五铢钱，永平三年（510）、永安二年（529）也发行过铜钱。不过，这些货币都流通有限。另外，民间流通着各种地域性货币，前朝的货币也仍有使用。

六、佛教的变化

文成帝时期以后，北魏的变化还体现在佛教政策上。关于佛教传入中国的时间众说纷纭，大致当在公元前后经由西域传入中国。公元1世纪后期，东汉皇室中出现了佛教信徒，但当时佛教尚未在民间广泛传播。不过，外国僧侣的传道和佛典的汉译工作一直在进行。到了五胡十六国时期，凉州（今甘肃省西部）成为佛教的一个重要据点，并逐渐向中原扩展。东晋僧人法显曾前往印度求法。在这一时期，不少五胡政权的君主都重用佛教高僧，尤为知名的例子如后赵的石勒、石虎尊崇西域僧人佛图澄，前秦的苻坚尊崇汉族高僧道安，以及后秦的姚兴尊崇西域僧人鸠摩罗什。佛教诞生于被称为"胡"地的西域（包括印度），是高度系统化的宗教。有观点认为，五胡诸国的君主面对汉族高度发达的传统文化常怀自卑心态，因此倾向于易于接受且能消减自卑感的佛教。然而，实际情况远比这一解释复杂得多。接下来，将主要依据佐藤智水的研究展开介绍。

首先，五胡政权的君主希望利用高僧的异能。例如，史书记载佛图澄可驱使鬼神，预言了石勒将会受到夜袭，果然帮助他免遭劫难。其次，五胡政权的君主还试图借助高僧凝聚人心，维护统治。佛图澄的弟子道安在后赵灭亡后辗转进入东晋，在襄阳陷落时被迎回前秦。苻坚常称："襄阳有释道安是神器，方欲致之以辅朕躬。"（《高僧传》）此外，高僧接近五胡政权的君主也有依托其权力进行传教和翻译佛典的考量。实际上，佛图澄在君主的支持下建立了893座寺庙（《高僧传》），鸠摩罗什也在姚兴手下汉译了大量佛典（《晋书·艺术传》）。

北魏初期也十分尊崇具有异能的高僧。比如，道武帝曾经招徕法果，太武帝要求北凉遣送昙无谶（最后没有成行），在灭夏时获得惠始，对其倍加推奉。太武帝还在四月八日佛诞日亲临门楼散华（为供佛而散撒花朵）。不过，他随后转向道教，开始尊崇寇谦之改革后的新天师道，以此获取统治正统性的根据。寇谦之与深受太武帝信任的崔浩结援，后者认为胡地的佛教造成了中原王法的混乱，因而反对佛教。在二人的煽动下，太武帝以新天师道为国教，以具有道教色彩的"太平真君"（440—451）作为新年号。根据新天师道的教义，太武帝成为地上世界的统治者。446年，太武帝开始镇压佛教。废佛的原因有二：一是在445年，今陕西省中部至甘肃省东部的大片区域爆发了以盖吴（卢水胡）为中心的胡族叛乱，北魏为此很是头疼；二是带兵平叛的太武帝进入长安城后，在城内寺院中发现了武器，他由此断定寺院与盖吴勾结。在崔浩的建议下，他不仅诛杀了窝藏武器的该寺僧侣，烧毁了佛像，还严令全国禁止窝藏逃匿僧侣，逾期不出者被发现后不仅处刑僧侣本人，还诛杀窝藏者一门。

这一情况在450年崔浩被杀、452年太武帝被害后迎来转机。经过南安王拓跋余即位等一系列动荡，452年十月，第五代皇帝文成帝即位。文成帝在两个月后发诏恢复佛教。诏书中为废佛辩解称："（佛教）亦我国家常所尊事也。……夫山海之深，怪物多有，奸淫之徒，得容假托，讲寺之中，致有凶党。是以先朝因其瑕衅，戮其有罪。"（《释老志》）虽说北魏朝廷复兴了佛教，却不像以前那样放任。朝廷允许僧人修建寺院，但限定只能在人群聚集的地方修建一座，还限制了出家人的数量，大州50人，小州40人，远离都城的偏远郡10人。佛教被置于国家的统制之下。文成帝还任命师贤为管理僧侣的道人统。

还值得注意的是，在次任道人统（改称"沙门统"）昙曜的主持下，北魏在都城平城西约20千米的云冈开凿石窟，修建了5座大佛。这些大佛最初修凿在石窟内，后来窟前的壁坍塌，佛像暴露在外面。据说这5座大佛的形象仿照了道武帝以来的5任皇帝——道武帝、明元帝、太武帝、即位前去世的皇太子景穆帝和文成帝。这是将北魏皇帝融入佛教教义的一次尝试。

佛教复兴后，北魏出现了大量青铜造像、石刻造像和洞窟壁面的浮雕佛像。这些造像多刻有铭文，铭文中常见"为……造像"的字样，通常是为家族、祖先或一族祈求功德。此外，也有不少"为皇帝陛下造像"之类的铭文以祈愿镇护国家，这类铭文在北朝的造像铭中占四分之一至三分之一。此类句子多出现在"邑义"，也就是在家信徒组织的造像上面。佐藤智水指出，使用这些字句不是造像者的自主选择，而是受到了僧人的引导。教团派遣僧人教化信众，将在家信徒组织起来，推动他们供养佛像，并引导他们在造像铭中加入如上字句，培养信徒侍奉皇帝的佛教信仰。这明显反映出佛教教团不仅皈依佛教，而且积极接纳护持佛法的皇权统治。

邑义是由大量庶民参与的地域性团体。当时社会长期处于战

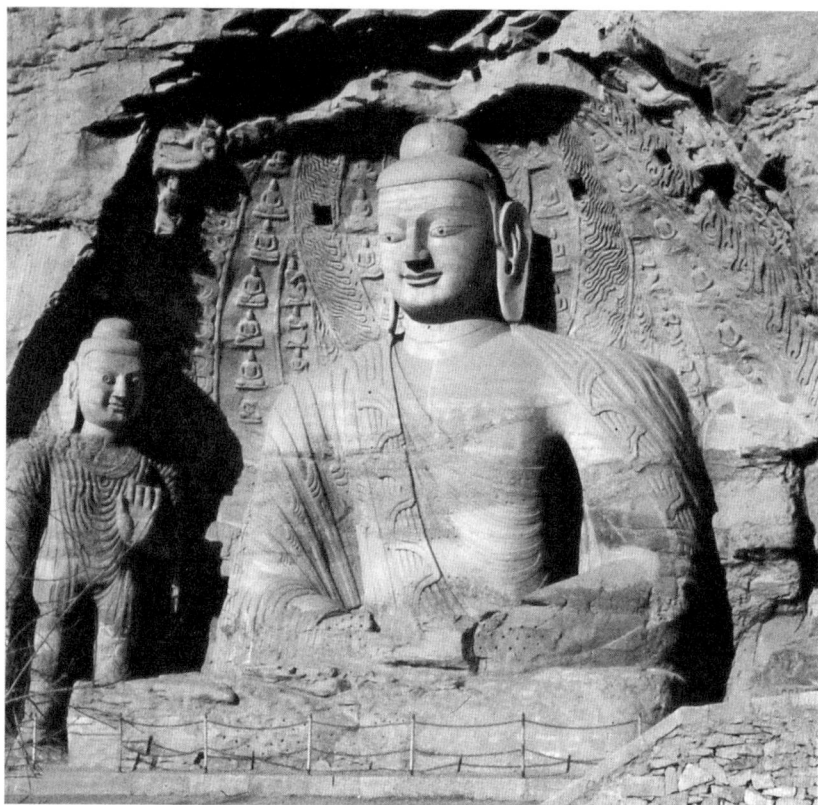

图4-6　云冈露天大佛。云冈石窟开凿在东西长1千米的断崖上，大小石窟标号53个。昙曜五窟在第16~20窟，图为第20窟。云冈石窟石质松软，该佛像下半部分风蚀严重，不过其端庄威严的体态和从容不迫的面容都保存完好

乱，人们希冀从佛教中寻求救赎。在佛教已广泛渗透到基层社会的情况下，统治者有意将其与皇权相结合，而教团也做出了积极的回应。

在南朝，佛教也相当普及。梁武帝就是狂热的佛教徒。他自称"三宝奴"，多次舍身佛寺，臣下每次都捐赠巨额赎金为其赎身。梁武帝的行为与把自己塑造成佛像的北魏皇帝完全不同，表面上看，其行为与身份极不相符，因此在后世受到了严厉批评，然而，他的行为实际上也包含通过佛教来凝聚民众的意图。此外，由于梁武帝笃信佛教，南海诸国也遣使奉上了带有浓厚佛教色彩的国书。当然，寻求贸易往来才是真实目的。不仅梁朝，早在刘宋时期，佛教就已经成为促进国际关系的一个重要因素。

话题回到北魏。佛教教团的形态似乎并不是在废佛以后才出现的。439年，北魏灭北凉时，曾迁徙3万余户到平城。据研究，这些人中包括废佛后的首任道人统师贤——他是罽宾（今克什米尔地区）的王族，废佛前太武帝时的皇太子（景穆帝）的师父名僧玄高，以及后来的沙门统昙曜。凉州佛教对北魏佛教影响巨大。凉州佛教具有国教色彩，凉州的在家信徒常常为国主以下敬造经塔。很可能凉州佛教的特色随着人口迁移被带到平城，成为复兴后佛教团体寻求生存之道的重要参考，并促成了云冈石窟五座大佛的修建和北魏佛教崇拜皇帝的变化。

总之，北魏的佛教在经历弹压和复兴后，出现了重要变化，从过去崇尚高僧异能的宗教，转变为国家佛教。

云冈石窟佛像服制的变化也值得关注。这些佛像的着装不同于印度和西域，袈裟的胸口敞开，内衣有两襟束带，这便是佛像的中国化。而这一基于中国传统服制的变化与孝文帝的服制改革时间重叠。因此，有研究者认为，云冈佛像中国式服制的出现可能为孝文帝的改革提供了契机。另外，尽管数量稀少，但北魏迁都后出现了一些在家信徒的墓志，志文中明确记载墓主虔诚信奉佛教。

随着西域僧人往来增多，佛典汉译不断发展，佛教教理也显著深化，南北朝时期呈现出各家争鸣的盛况。这些教派中包括净土宗和禅宗。被尊为净土宗祖师的昙鸾是北魏人。受达摩教诲，成为禅宗第二祖的慧可也活跃于北朝末至隋初。

中国的正史中，唯《魏书》有《释老志》。这里的“释”指佛教，“老”指道教。《魏书》特地为佛、道两教设志，是因为它们之于北魏意义重大。接下来谈一谈道教。

东汉末年，华北地区张角领导的太平道教徒发动了黄巾起义，此前稍早，以张陵为首的五斗米道开始活动。太平道和五斗米道是道教教团的早期形态。五斗米道以汉中为中心发展教徒，其教团后来直接成为政治组织，构筑了一个五斗米道的王国。这个政权大约维持了30年。215年，第三代教主张鲁投降曹操，政权瓦解，但其信仰则向东传播。被称为天师道的这一宗教在东晋、南朝维持着教团组织，不过因其神仙思想浓厚，且缺乏有效整合，在发展上多受佛教压制。刘宋时期的陆修静和梁朝的陶弘景对道教进行了体系化改革。

另外，永嘉之乱以后，残留在华北的天师道信仰发展到北魏

时期，出现了道士寇谦之。他本在嵩山（洛阳南）修行，宣称被
天神太上老君授予了天师之位（天师在张陵以后一直空置），又
奉太上老君玄孙之命辅佐北方太平真君（意指太武帝），因此为
太武帝崇信。寇谦之建立的宗教体系被称为新天师道。太武帝以
太平真君为年号，并在442年登新天师道道坛受符箓（记有神秘
内容的道教文书）。通过这个符箓，太武帝获得了统治中原的正
统性。对出身胡族而统有中原的太武帝而言，寇谦之的理论吸引
力巨大。

　　寇谦之在佛教的启发下创立了自己的教义，但他致力于废
佛，并取得成功。寇谦之于448年离世，2年后，劝说太武帝废
佛的崔浩被杀，4年后，太武帝被刺杀。此后，佛教复兴，声势
更胜于前，成为巩固皇权的工具。尽管如此，此后的文成帝和献
文帝都曾登受符箓，道教在北魏一直受到皇帝的尊崇。

七、迁都洛阳的意义

　　从以上内容可以看出，北魏在建国阶段保留了浓重的鲜卑色
彩，但在统一华北后逐渐蜕变。到了文明太后临朝称制时期，北
魏作为中原统治者的形象愈加鲜明。孝文帝亲政后，这一变化得
到了迅速推动，其象征性事件便是迁都洛阳。

　　洛阳是一个怎样的城市呢？众所周知，西周（前11世纪—
前8世纪）在这里修建了洛邑。到了春秋战国时期，洛邑成为东
周的都城。实际上，最早的殷都遗址可能就在洛阳东边的偃师。

洛阳二里头遗址的时代更久远，很可能是夏朝的都城。东周以后，洛阳又成为东汉、曹魏和西晋的都城。而当华北出现东西两个政权对立的时候，如五胡十六国时期或北魏分裂后，处于两大势力之间的洛阳便成为角逐之地，而不会再被作为都城。尽管如此，洛阳的地位依然十分重要。洛阳在隋唐时期是仅次于长安的陪都。直到中国的经济中心转移到长江下游地区以后，洛阳的重要性才逐步减弱。在此之前，洛阳一直被视为"土中"，即王朝的中心，是中华之中华。

笔者认为，孝文帝是真心致力于成为大一统王朝的皇帝的。当是时，北魏已建国约100年，统一华北约50年。孝文帝认为，尽管此前北魏对大部分中原地区的统治获得了成功，但胡族色彩浓厚的体制渐露弊端，不能完全应对当下局面。因此，孝文帝在亲政后，积极向传统中原王朝皇帝靠拢。他着手改革政治制度，整合礼仪，消弭胡汉之别，而且认为需要在中原的正中心，而非边缘之地建都。

本书序章第一节曾提出了一个问题——孝文帝为何不顾以鲜卑系为中心的大臣们的反对而强行迁都呢？我们在这里揭晓答案。

北魏之所以能够统一华北，并将领土扩张到淮北，依靠的是强大的军事力量。因此，其军事力量的主干代人，尤其是其上层势力强大。他们或是军队将领，或是朝中大员。这些胡人在孝文帝改革前占据了中央要职的大半江山。从另一角度看，他们又是制约皇权的存在，是反对改革的保守派。让代人离开代地，哪怕不能完全摆脱他们的制约，至少能减轻一些压力。同样，代地周边那些不在迁都范围内的胡族，也是考虑因素之一。关于迁都的原因众说纷纭，但毫无疑问，接连不断推行的制度和礼仪改革显然招致了代人，特别是其上层的不满，他们明里暗里出手抵制。孝文帝正是为了打破这个僵局而选择迁都。

另外，平城和洛阳各自所在的位置也很重要。在本书开头描述的戏剧性迁都事件后，孝文帝随即宣布大赦。太和十七年（493）十月发布的大赦诏书称，尽管道武帝改国号为"魏"，但国都平城"壤犹寒泽"，并不丰饶，是上古诸帝所不取、殷周帝王所不顾，"礼让弗兴"之所（《文馆词林》卷六六五《后魏孝文帝迁都洛阳大赦诏》）。这令人觉得选择洛阳作为都城不仅仅是一种说辞。于孝文帝而言，国都的地理位置很重要。平城距南朝太远，洛阳则便于出击南朝，统一中国。事实上，孝文帝三次亲征南齐，确实是在迁都后完成的。

简言之，孝文帝改革的目的是成为整个中国的统治者。迁都只是达成目标的一环，成为大一统王朝的皇帝才是其真正的意图。

本书第一章和第二章介绍的孝文帝改革诸政策一般被称为汉化政策。这些弃胡语、改汉服的政策，乍看之下确实像是汉化。但作为中国古代王朝的统治者，孝文帝旨在消除此前明显的胡汉区别，并非单纯出于对汉文化的憧憬。吸收汉人进入权力中心、姓族分定及此前对汉族门第的认定等，都是这一意图的具体表现。

另外，本书强调孝文帝希望成为真正的皇帝，并不意味着此前的北魏君主不认为自己是唯一的皇帝。皇帝本身就应该只有一个，若同时存在多位皇帝，他者则被视为伪皇帝。这个认知无论在胡在汉都一样。因此，当道武帝看到文臣回复东晋将领的拟文中，称东晋皇帝为"贵主"时，大发雷霆，迫令其自杀（《崔逞传》）。如前所述，北魏和南朝之间遣使频繁，双方都视对方为朝贡。以正统自居的北魏称南朝为"岛夷"[①]，以此嘲弄南朝刘宋和南齐的皇帝。而南朝则视北魏为夷狄，蔑称为"虏"。当然，在正式的外交场合，双方不会公然使用这类词汇。

①《尚书》中用语，指居住在海岛的夷狄。

第五章
盛极生变

·····

本章讲述孝文帝改革后北魏的变化。

一、改革的传承

孝文帝的改革并未得到所有人的支持。首先，反对迁都洛阳的声音此起彼伏。任城王元澄曾指出："今代迁之众，人怀恋本，细累相携，始就洛邑，居无一椽之室，家阙儋石之粮。"这段话是494年末任城王反对孝文帝亲征南齐时的部分言辞。迁都初期的确存在着无地可居、无粮可食的困难，但这些问题并非代迁户后来的长期处境。不过，这种言论依然反映了一些人对平城的眷恋。与平城相比，洛阳夏天的炎热也是一大问题。《魏书》记载，孝文帝的皇太子元恂难以忍受洛阳的酷暑，在496年计划从洛阳逃回平城。但是，他出逃未遂，被废除太子位，后以谋反罪被赐死，似乎是因为卷入了以平城为中心的不满迁都者的阴谋。

同年，平城也发生了谋反。陆叡、穆泰等人图谋推举朔州刺史阳平王元颐（景穆帝孙）为帝。迁都后，平城成为恒州刺史的治所，陆叡是前恒州刺史，刚被任命为定州刺史，穆泰是新任恒州刺史。尽管此事因阳平王的告发而被及时平息，但是，陆叡、穆泰是代人勋臣八姓中的强族，是北魏政权核心中的核心，参与者也多出自宗室和胡姓权贵。于孝文帝而言，他们的反叛应该是个不小的打击。

但是，孝文帝依然坚定地推进改革，其政策也被后来的皇帝继承。下面简要介绍孝文帝以后北魏的中央政局。

孝文帝在太和二十三年（499）第三次亲征南齐的途中发病，当年四月去世，年仅33岁。元恂被废之后新立的皇太子元恪登基，是为北魏第八代皇帝宣武帝。

宣武帝即位之初，朝政由孝文帝遗诏托付的6名辅政大臣把持。上节已经指出，孝文帝致力于推行胡汉一体化政策，也有摆脱代人上层掣肘皇权的意图。因此，他重用与皇帝血缘亲近的宗室诸王，任命他们为朝廷重臣。6名辅政大臣的构成也反映了这一点。然而，宣武帝在即位后不久的501年一月，便利用辅政大臣之间的矛盾将他们清除，开始亲政。宣武帝在位期间，为贯彻己意，压制宗室诸王，尤其是那些曾经辅政的宗室成员。首先迎合皇帝的是他宠信的臣子，这些人后被称为"恩幸"；其次是外戚，如皇帝生母之兄高肇。咸阳王元禧在501年迫于无奈谋反，事泄被杀。北海王元详在皇帝亲政后依然身居高位，于504年也因谋反被幽禁，后被家奴杀死。深受孝文帝信赖的彭城王元勰亦于508年被处死（以上三王都是献文帝之子）。而任城王元澄在宣武帝统治期间在内政方面没有显著作为。

宣武帝时期的一大特色是与南朝的战争。双方拉开了漫长的战线，东起淮水下游的江苏省北部，西至河南省南部及四川省北部，几乎年年开战。双方争夺得尤其激烈的地区是在献文帝时期

图5-1　孝文帝和宣武帝时期对战南朝的地理关系图

成为北魏领土的淮南地区。战争的导火索是景明元年（500）南齐豫州刺史裴叔业以军事要冲寿春（今安徽省寿县）投降北魏。当时正值南齐末年，政局动荡。502年，梁朝取代南齐建国，于是局势演变成北魏和梁朝的对战。南北双方投入大军展开了激烈的战斗。在连年的战争中，北魏曾因淮水泛滥造成的混乱在钟离（今安徽省凤阳县）几近全军覆没，也在朐山（今江苏省连云港市）经历过惨败。当然，北魏也取得过战果，在南面夺取了寿春和义阳（今河南省信阳市）一带，在西面因梁守将投降而占领汉中后，又进击涪城（今四川省绵阳市）。尽管在北魏末年内乱时，寿春被梁朝夺回，但可以认为，南征是对孝文帝战略的继承。对南朝的局部战争一直持续到孝明帝时期。不过，与孝文帝不同，宣武帝只是远程指挥前线，没有亲征，孝明帝亦是如此。

515年，宣武帝去世，皇太子孝明帝元诩即位，是为北魏第九代皇帝。当时，孝明帝年仅6岁，主持朝政者另有其人。孝明帝时期政治斗争频发。首先是出身勋臣八姓的于忠掌权，其次有孝明帝生母灵太后胡氏临朝称制，继而道武帝玄孙元乂幽禁灵太后，掌握大权，此后灵太后卷土重来，再次临朝称制。灵太后是汉人，在宣武帝时期进入北魏后宫，生下孝明帝。北魏有子贵母死的惯例，灵太后却逃过厄运。她两次临朝称制，权势滔天，后期灵太后的政令被称作"诏"，其效力与皇帝命令相等。长期的政治斗争最终导致孝明帝与灵太后的对立。528年，成年后的孝明帝要求亲政未果，试图利用尔朱荣率领的强大部族兵力发动政变，反而被灵太后诛杀。

在稍早前的523年，北魏爆发严重内乱。地方上的战乱加之中央政局的混乱，最终导致北魏分裂为东、西两部。这些变化留待后述。接下来回到之前的话题，看看孝文帝改革的成效。

二、锦绣洛阳

北魏迁都的目的地洛阳，是东汉、曹魏、西晋三朝的都城，也就是所谓的汉魏洛阳城。这么说是因为洛阳在不同时期的位置不同。周之洛邑和隋唐洛阳城在北魏洛阳城的西面，即今洛阳市区。北魏以汉魏洛阳城为内城（皇城），在其外围修建了外郭（外城城墙）。这个外郭修建于宣武帝时期。孝文帝迁都后，因致力于南征，常年不在洛阳，故当时洛阳城的建设并未完成。

汉魏洛阳城是一座坐北朝南的纵向都城，以汉代度量来算，东西长六里（约2.5千米），南北长九里（约3.7千米），因此又被称为"九六城"。北魏继承其城郭作为皇城城墙。尽管因洛水（洛河）河道北迁，原城墙南侧被淹，但仍有不少城墙夯土留存至今。北魏在皇城正中偏西修建了宫城。宫城的中心建筑是太极殿。太极殿正南面的宫城正门是阊阖门。有御道直通阊阖门和皇城的宣阳门，这一段叫作铜驼街。在铜驼街左右，官署和太庙、太社等国家礼制建筑依次展开。御街出宣阳门后一直向南延伸，与洛水交汇处有永桥，再往南抵达伊水（伊河），附近设有祭天的圜丘。孝文帝迁都初期设定的圜丘本来在更南的委粟山，后来迁至此处。从太极殿到圜丘连成一条直线，洛阳的建筑以这条线

图5-2　北魏洛阳城城墙遗址

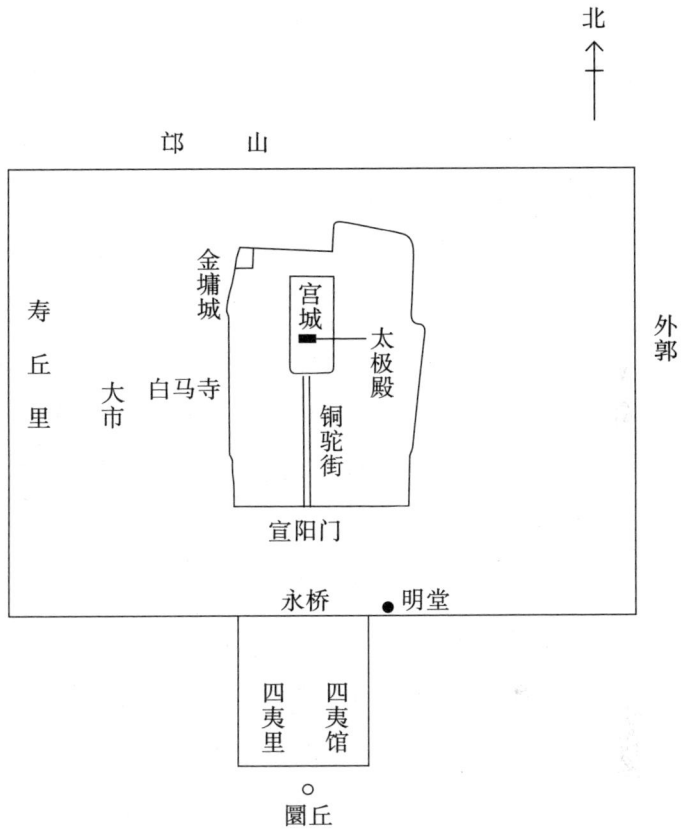

图5-3　北魏洛阳城（参考宿白及佐川英治的研究成果制作）

为基准东西分布。此线成为北魏洛阳城（含外郭）的中轴线。都城中轴线的概念在三国时代曹魏的洛阳城就已出现，孝文帝亲政以后，平城也规划了太极殿—圜丘的中轴线，至此，它以更明确的形态表现出来。

宣武帝时期修筑的外城郭东西长二十里（北魏尺度，约合今10千米），南北长十五里（约7.5千米）。都城内部被划分成一个个四方形的坊，这些坊每边长一里（约500米），合计约有300个坊。洛水与伊水之间的御道两侧也有坊。据说洛阳城共有320个坊（一说323个坊）。坊有坊名，如崇义里等。据载，坊内有大量居民居住，总共多达10.9万余户。

洛阳的各坊均四周筑墙。洛阳城的里坊形式源自平城。中国历史上也曾出现过类似外墙环绕建筑的例子，但是，城市区划全部修建外墙的设计则始于北魏平城。韩国学者朴汉济认为，这种设计旨在管理居民。迁居洛阳的代人分散居住在各坊。外郭城内最西边的坊叫寿丘里，东西宽二里，南北长十五里，是一般坊面积的30倍。寿丘里又被称为王子坊，似是宗室聚居的区域。朴汉济推测，坊内除了住宅，可能还有猎场或耕地，甚至可能有游牧民的帐篷。洛阳的酷暑不论对孝文帝的皇太子，还是代人而言，都是一个挑战。因此，他们可能没有完全采用中原传统的居住形式。

寿丘里是个特例。一般而言，坊的四面墙各开一门，由里正、吏和门士管理。居民称"某某里人"，坊名即里名。数里构成一个乡，也就是说，北魏实行乡里制。乡以上的行政单位是县，县上面是郡。洛阳就是河南郡下辖的一个县。汉魏洛阳城的内部是洛阳县，西城墙的西侧是河阴县。当时的洛阳城包括洛阳县和河阴县。寿丘里就在河阴县。通过文献、墓志可以确认的属于洛阳县的乡有10个，属于河阴县的有3个，当然，这些不是全部。笔者统计到的洛阳里名共有115个。

杨衒之撰写的《洛阳伽蓝记》记载了不少北魏时期洛阳城的情况，令我们有幸一睹都城的风采。

皇城的永桥以南有一块突出的区域叫"四夷里"，它与"四夷馆"都位于御道东西两侧。四夷里和四夷馆都是"慕德而来者"的居所，里面设有旅馆。例如，东夷来附者，处扶桑馆，赐宅慕化里。四夷里和四夷馆共占地8个坊。

中国古代的店铺买卖被限定在固定区域——市。北魏洛阳皇城西有大市，方圆八里，占地4个坊。大市东有通商里、达货里，手工业者和商贩的店铺鳞次栉比。大市南有调音里、乐律里，居住的是与音乐相关的从业人员。大市西有延酤里、治觞里，这里的居民多从事酿酒。大市北是慈孝里、奉终里，主营丧葬之物。皇城东又有小市。洛水南还有四通市（又称永桥市），在这里可以买到伊水和洛水的鲜鱼，是制脍者的宝地。

书如其名，《洛阳伽蓝记》主要记述的是洛阳的寺院。据该书记载，洛阳有寺院1367所，其中规模最大的是永宁寺。这座由灵太后于516年建造的大寺，坐落在阊阖门南一里、御道西侧的黄金地段。该寺以九层塔闻名，据称在洛阳百里外都能看到其雄姿。塔北面是形似太极殿的佛殿，内有一尊高一丈八尺的金

图5-4 永宁寺佛塔塔基。永宁寺佛塔基坛的各边长约38米，其下是边长约100米的方基，四面均有台阶

佛，以及10座等身金佛。这样一座无与伦比的寺院，现在只留下考古发掘出的塔基。传说佛教东传时最早兴建的白马寺也在书中登场，现在大市的东边仍保留着同名寺庙。

宫城北和皇城北墙之间是华林园。皇城北紧邻邙山。邙山是洛阳人的墓地，第二章已经指出，在北魏迁都以后，移居到洛阳的高官多在此营造冥宅。民国时期，这些墓被大量盗掘，所出墓志拓本广为流传。这些墓志在北魏史研究中举足轻重。邙山的墓群以皇陵为中心，集合宗室墓和大臣墓。这种墓葬聚集方式在迁都前就已出现。中国历史上汉人墓葬也在皇陵周边有陪冢，如汉武帝陵等，但都不如北魏集中。

那么，洛阳与其他地方是怎样联系在一起的呢？洛阳四面环山，南面盘亘着嵩山山脉，东西两面夹山，北面背靠邙山。这意味着洛阳坐落在盆地内，易守难攻。这是它常被选作都城的一个原因。不过，洛阳城内和周围还是有河流经过，道路四通八达。这些道路上设有许多关卡，以西面通往长安的函谷关为首，总称"八关"。河流中最重要的是洛水和谷水（涧河）。洛水自西南经汉魏洛阳城南汇入黄河；谷水自西经洛阳城北，向东汇入洛水。在汉魏洛阳城建成后，为了保障漕运和水源，并兼顾治水和防御，以谷水为中心，连同洛水修建了数个大型水利设施。因此，汉魏洛阳城四周被人工渠环绕。渠水被引入城内，或注入池塘，或沿街衢流淌。另外，城墙东侧附近建有码头，都城四面水渠在此汇聚，一并注入洛水，船只从此处沿运河进入黄河。各地呈送都城的租税、商品多利用这条运河，故而，在洛阳城东设有太仓

北

↑

谷水

广莫门

金墉城

大夏门

华林园

宫

千秋门

阊阖门

建春门

太极殿

城

阊阖门

西阳门

东阳门

永宁寺

西明门

太社 太庙

青阳门

铜驼街

津阳门

宣阳门

平昌门

开阳门

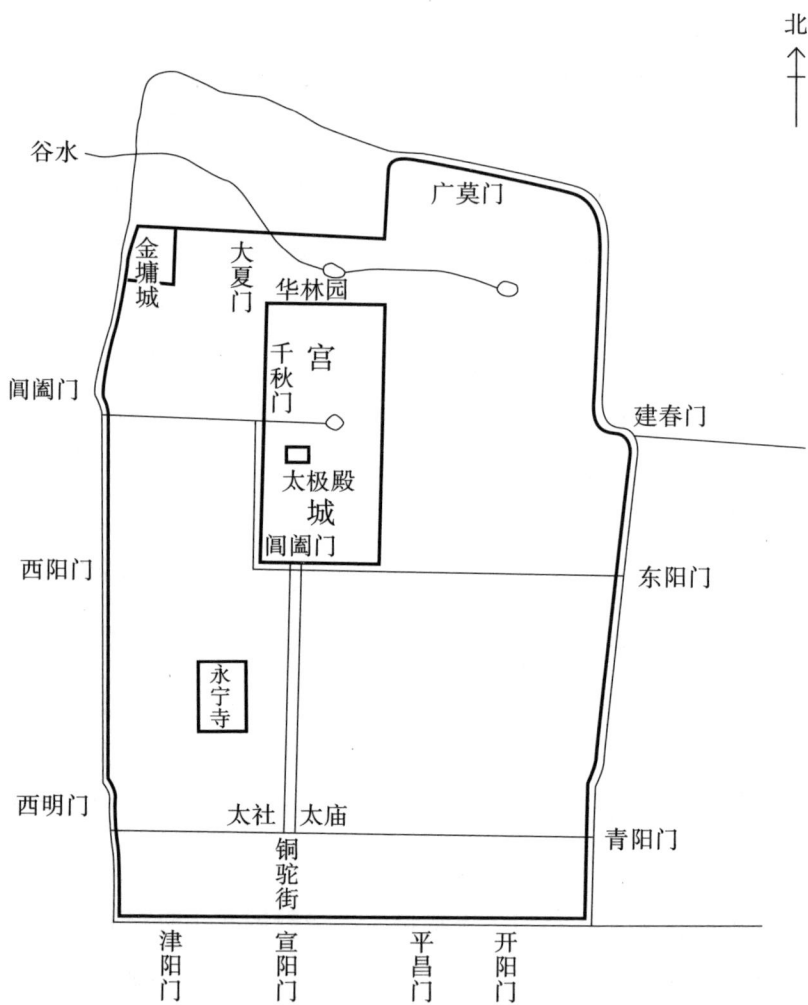

图5-5　洛阳城及其水系图

（国家储粮库）。北魏时期这些设施依然被使用。孝文帝称："朕以恒代无运漕之路，故京邑民贫。今移都伊洛，欲通运四方。"（《成淹传》）另外，前面（参见第091页）提到416年东晋军队北伐"沿黄河北上"。具体而言就是刘裕军队的主力，包括水军在内，自徐州沿泗水（泗河）北上，进入黄河后西进，从交汇处进入洛水，沿洛水直捣洛阳。

三、北魏的文化

上节关于洛阳水系的内容出自《水经注》，作者是北魏后期的官员郦道元。作者虽出自北朝，但其著作内容却涵盖全国水系，保留了中国古代地理和历史的重要信息。书中涉及洛阳的部分，以洛阳的水系为中心展开，间及汉魏洛阳城的建筑、历史和逸事。该书原本是对汉代（或魏晋时期）著作《水经》的注释，但《水经》原文内容极少，《水经注》几乎都是郦道元的文章。《水经注》是北魏文化的一个代表。那么，这节就对北魏文化做一介绍。

前面提到过，北魏与南朝虽是敌对关系，但也互通来使。为了不辱没本国的颜面，双方都甄选善辩之人出使。这些使者不仅精通经学，且文采斐然。不过，南朝文学以华丽见长，从当时的文学水平来看，北魏稍逊一筹。《魏书·文苑传》记载的擅文之人中，仅温子昇一人名垂后世。北朝著名的文学家还有庾信，但庾信本是南朝梁人，在出使北朝时，恰逢西魏攻陷江陵（554年，参见第199页），他被迫留在西魏和北周为官。

北魏的优势在于儒学。南朝继承并发展了魏晋以后带有玄学色彩的儒学解释，北魏与之不同，儒学保留了汉代学术的传统，例如郊祀采用的是郑玄的学说。在《魏书》的记载中，当双方使节辩论南北朝儒学优劣时，北魏更占上风。

不过，北魏真正值得夸耀的是艺术上的成就。如云冈石窟，自文成帝时期开始营建，在迁都洛阳前就已规模可观。石窟内部的窟壁和塔柱（石窟中央的石柱）上，遍布各种彩像，如佛像、菩萨、护法神、飞天、罗汉、供养人等，多达5万余个。这些彩像的风格深受印度和中亚影响，人物着装、建筑样式上又可看到一些中原的痕迹。北魏迁都洛阳以后，虽然云冈石窟的营建没有中断，但无论规模还是内容都远逊从前。

北魏迁都洛阳以后，在龙门继续开凿石窟。在洛阳城南，有两山东西对峙，狭长的峡谷（龙门）间，伊水自南向北穿流而过。北魏从494年开始，在伊水西面的断崖上开凿石窟。宣武帝时期开凿的宾阳洞[1]就是其中的代表作。

龙门石窟的岩石材质坚硬，适合细节刻画，较云冈石窟更具中国风格，对此后的佛教雕刻艺术产生了深远影响。在北魏灭亡后，营建石窟一直持续，在唐代达到顶峰，新开凿的石窟延伸到伊水东侧。

北魏时代的石窟营造也扩展到其他地区，其中著名的有甘肃省永靖县的炳灵寺石窟、甘肃省天水市的麦积山石窟和河南省巩义市的巩县石窟等。

---

[1] 宾阳三洞中，除中洞外，其余二洞都完成于唐代。

图5-6　龙门石窟宾阳中洞释迦佛像（刘景龙主编《龙门石窟造像全集（第
1卷）》，文物出版社，2002年，第54页）

图5-7　麦积山石窟远景（麦积山石窟艺术研究所编《麦积山石窟旧影》，江苏凤凰美术出版社，2019年，第48页）

　　敦煌莫高窟在石窟中独树一帜。莫高窟的造像都是塑像（黏土塑造），窟内有大量精美壁画。敦煌莫高窟开凿于4世纪中叶，即五胡政权时期。此后石窟营造延续了上千年。其中可确认为北魏时期的壁画和塑像较少，但它们糅合了西方样式和中原传统。西魏、北周时期洞窟数量增多，唐代出现了大量代表性洞窟。

　　除石窟外，这一时期的青铜和石刻造像也多有存世。其中，20世纪末在山东省青州市龙兴寺发现的佛像群，展现了北魏至北齐时期佛像雕刻风格的变化，以数量多、造型精美而闻名。

　　除了石窟寺院，壁画还出现在墓室、墓道上。此前发现的北魏壁画墓极少，因此，学者们主要关注的是墓葬相关石材（石室、石椁、石棺、墓志）上的线刻图像。到了东西魏、北齐北周时期，带有精美壁画的墓葬开始增多。

　　龙门石窟的佛像旁边多刻有造像铭。这些文字书法水平高超，是有名的字帖。其中最具代表性的铭文拓本被整理为"龙门二十品"，颇受世人珍重。北魏墓志中也不乏书者不明的优秀作品。另外，石碑、摩崖上的书法也值得称道。与南朝书法崇尚王羲之，字体偏向秀丽流畅不同，北魏的书法保留了隶书特征，风格古朴遒劲。荥阳郑氏一族的郑道昭就是此间代表。音乐方面前文已经涉及，这里不再赘述。

　　除《水经注》外，北魏还有不少其他学术性著作。史书方面有崔鸿的《十六国春秋》，该书按国别记载五胡十六国时期各国的历史。五胡十六国的基础史料是《晋书》中的《载记》，但《晋书》编撰于唐代，成书时间晚于《十六国春秋》，可见崔书之

图5-8　敦煌莫高窟第257窟北魏壁画（敦煌文物研究所编《中国石窟：敦煌莫高窟（第一卷）》，平凡社，1980年，图44）

图5-9　青州市博物馆藏龙兴寺佛像（《图说中国文明史5 魏晋南北朝 文明融合》，第184页）

图5-10 北齐娄叡墓壁画《出行图（部分）》（太原市文物考古研究所编
《北齐娄叡墓》，文物出版社，2004年）

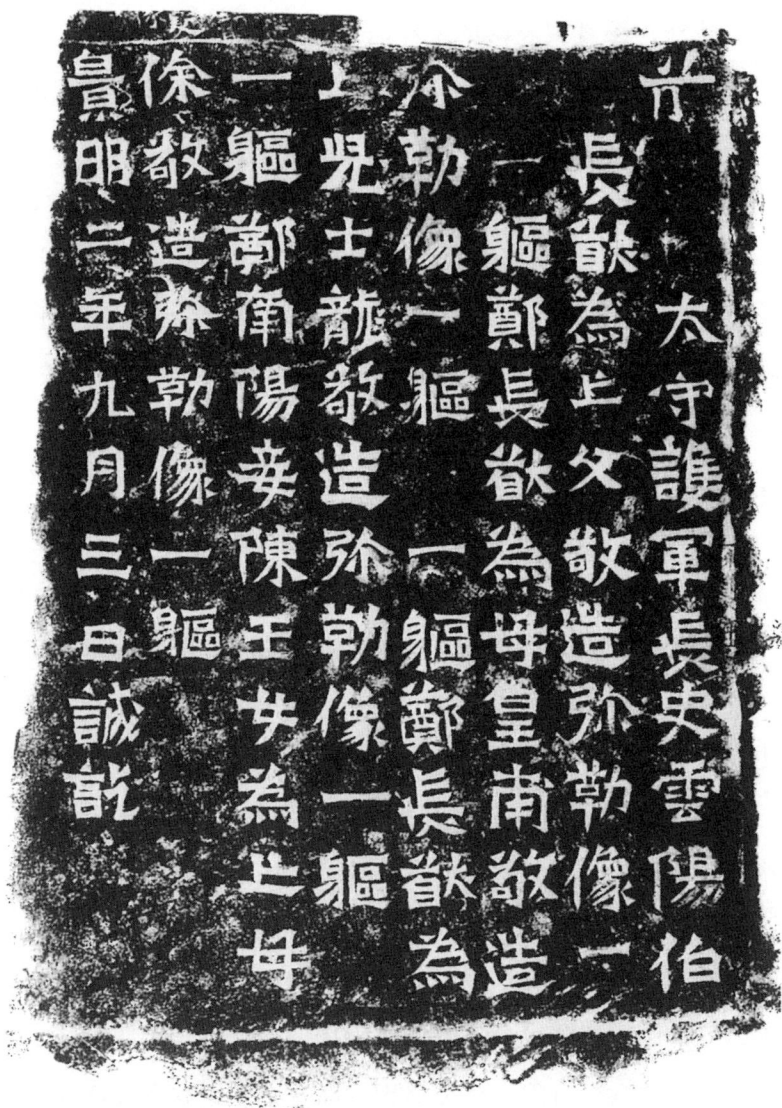

图5-11　龙门二十品之《郑长猷造像记》(《中国书道全集第二卷 魏晋南北朝》,图56)

重要。此外，还有贾思勰的《齐民要术》，它成书于北魏末东魏初，内容参考了汉代以来的农书，书中详细记述的农作技术体现了旱作农业的最高水平。该书还涉及农作物的加工、销售，乃至烹饪方法。

另外，《洛阳伽蓝记》卷五收录的《使西域记》是宋云和惠生撰写的一部地理游记，他们奉灵太后之命到北印度求法，将沿途见闻整理成书。该书是中亚史和中西交流史的珍贵史料。

四、代人与镇民的不满

孝文帝改革给北魏的政治和社会带来了巨大影响。

首先是官僚阶层的构成出现了变化。前文已经提到，在孝文帝改革之前，道武帝以后的皇子及其继承人（嗣王）通常出任刺史或镇都大将，管理地方的民政、军事，或者作为将军统领军队。在中央，他们则担任三都大官这一北魏特有的官职，不进入中原王朝传统的中央官职体系。改革后，他们开始就任中央官职，结果，宗室在三公等高级官职中的占比增加。特别是太武帝以降的皇帝子孙与当今皇帝的血缘关系越近，获得的政治地位就越高。另外，在改革以前，汉人很难达到三公级别，改革后则事例增多。官位数量有限，三公级别的高官中宗室和汉人增加，则代人的占比就会显著降低。从改革以后三公级别高官的数量来看，代人不仅少于宗室，甚至少于汉人。

以太和后令中正三品的列曹尚书（承担尚书省事务的各部门

长官）为例，北魏前期列曹尚书的就任者中，胡族超过50%，宗室不到10%，汉族20%强。到了后期，宗室超过30%，汉族超过50%，胡族就任者锐减。

还有其他威胁代人地位的要素。原本代人晋升上层官职的通道就已经被挤压，北魏特有官职的废除更是雪上加霜，这意味着就任中层及以下官职也变得艰难，这一举措波及门第并不那么显赫的代人群体。

平城时期，代人被编为八部，作为支撑北魏政权的军事力量，他们不需要像被征服的汉族那样在郡县附籍，也不用承担税役。这些代人在迁都后变成"河南人"，和汉人一样被编户，在郡县著籍。为了安抚这些移民，北魏将他们当中的"天下武勇之士"选作羽林、虎贲，成为孝文帝的禁卫军。到了神龟二年（519），一件事激起了这些人的愤怒之情。不论机会多寡，代人原本有可能凭借军功获得官职，然而，一个叫张仲瑀的官员却提议把武人从高门子弟就任的官职中剔除，单独另设武人的晋升路径。这个提议被采纳后，群情激愤的近千名禁卫军士兵发起暴动，冲击了张仲瑀的私邸，杀伤张仲瑀及其父兄3人，史称"羽林之变"。震惊的北魏朝廷只是处决了为首作乱的8人，其余人免于问罪，并颁布了"停年格"政策。停年格是指当官职出现空位时，在具有就任资格的候选人中，由待职时间最长者补位的一种政策。这种不考虑任官者贤愚和适配性的选拔方式，立即引来了不少批评。但是，政策的制定者崔亮以"官员既少，应选者多"的实际情况作为辩解，直白地说明了北魏当时所面临的状况。停年格的实施对象主要是郡县长官及以下的地方官员，也就是中下层武人的就任官。这一制度一直延续到北魏末年。《魏书》的作者魏收批评崔亮："魏之失才，从亮始也。"魏收认为是崔亮导致了北魏的人才流失（《崔亮传》）。

而抱有更大不满的是被分配在地方，特别是军镇的人们。在六镇之乱（详见下节）爆发时，就有人分析："缘边诸镇，控摄长远。昔时初置，地广人稀，或征发中原强宗子弟，或国之肺腑，寄以爪牙。中年以来，有司乖实，号曰府户，役同厮养，官婚班齿，致失清流。而本宗旧类，各各荣显，顾瞻彼此，理当愤怨。"（《北齐书·魏兰根传》）镇压叛乱的将领也认为，以前镇民有免役特权，仕途坦荡，人人乐为镇民（《广阳王渊列传》）。这些叛乱者的祖先原本是拓跋君主的忠实支持者，如今他们却沦为官员役使的对象，这种巨大的落差令他们深感绝望。

镇民地位的下降源自中央政策的转变，北魏对北方边境的战略从积极出击变为消极防御。这不仅是因为北方柔然的威胁减小，更关键的是，北魏政策的重心转移到中原和南方。迁都洛阳以后，尽管柔然的威胁尚在，但远没有平城时期兵临城下的紧迫感。这导致中央朝廷愈加忽视军镇，轻视镇民。分配在西北诸镇和各地军事据点的士兵（城民），应该与镇民们的感受类似。523年，因内乱归降的柔然可汗阿那瓌被安置在怀朔镇北，由于粮食不足，大掠六镇后北归。北魏发动15万大军追讨未果，而目睹这一切的镇民"便自意轻中国"（广阳王元渊上书）。

五、从六镇之乱到东西分裂

正光四年（523，一说正光五年三月）冬，六镇之一的沃野镇镇民在破六韩拔陵的率领下起义，起义迅速蔓延到六镇中其他军镇及西北诸镇，不少分配在州的士兵（城民）也起兵响应。这一系列动乱史称"六镇之乱"。北魏最初派往镇压叛乱的军队或败北，或撤退。所以朝廷紧急发布政令，改镇为州，解放镇民。然而，这一补救措施没能改善糟糕的事态①。

战乱涉及的地点和人物众多，这里仅聚焦主线。破六韩拔陵率领的军队从沃野镇出发，先后攻克武川、怀朔两镇，整个六镇全部卷入叛乱。东面的营州城民亦遥相呼应。524年四月，西面的高平镇镇民也响应号召，推举胡琛为高平王。随后，秦州和南秦州的城民杀死刺史，拥立莫折念生为天子。远在凉州的城民也加入叛乱。奉命讨伐西面叛军的将领是萧宝夤，他是流亡到北魏的原南齐皇室成员。起初，萧宝夤顺利接收了在内斗中丧命的莫折念生的军队，后来却拥兵自立，以雍州（长安）城民为核心力量，加入叛军的行列。最终，在受到中央军的重创后，萧宝夤投奔万俟丑奴，后者在胡琛死后接管了他的军队。

破六韩拔陵不敌北魏的讨伐，他的大部分军队在525年投降。降兵被分散安置在河北各地，但他们很快再次聚集起兵，首领杜洛周自立，年号为真王。另一股反叛势力是鲜于脩礼，他旋即被

① 有观点认为，对大部分保留了部族制的镇民而言，解散军镇不是他们的诉求。

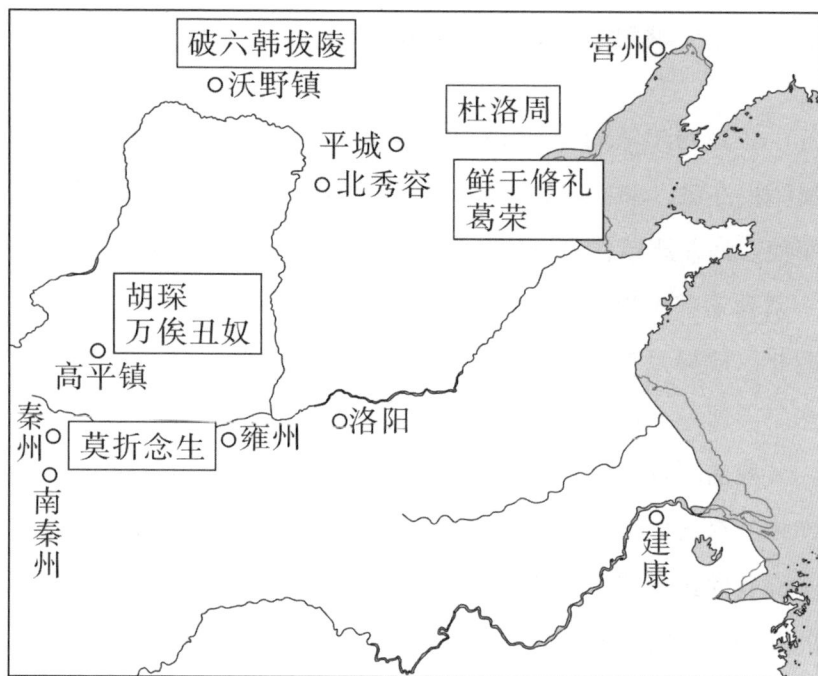

图5-12 六镇之乱关系图（仅涉及本节出现的人物和地点）

部下杀害。继任的葛荣自称天子，立国号为齐。杜、葛势力均向南发展，战火蔓延到山东、河南。葛荣后来吞并了杜洛周的军队。

击败葛荣的是据称出身匈奴系的尔朱荣。前文已述（参见第105页），尔朱氏在归附北魏后保留了原部族组织，在北秀容从事畜牧。虽然也被授予官职，但与一般官员不同，尔朱氏在迁都后可以夏季时返回山西，只有冬季时在京。北魏授予尔朱氏"领民酋长"的称号，承认他对大量部族成员的统领权。史料记载，在柔然阿那瓌大掠北返时，尔朱荣率4000人参加追击，可见尔朱氏一族兵力强劲。528年秋，尔朱荣在攻破葛荣后收拢其旗下的旧六镇镇民，530年又镇压了西面的反叛势力。至此，六镇之乱平息。其间，南朝萧梁派军队护送流亡的北海王元颢北返，于529年一度占领洛阳。这一插曲也被尔朱荣迅速解决。他为北魏立下了汗马功劳。

然而，北魏的动乱并未就此停息。北魏朝廷与尔朱荣之间渐生对立。尽管平叛的功勋卓著，但尔朱荣介入中央政局的契机是孝明帝的召请，后者急于利用尔朱氏的力量摆脱临朝称制的灵太后。得知此事的灵太后在528年二月先发制人，毒杀了孝明帝。以此为口实，尔朱荣拥立献文帝之孙、彭城王元勰之子、长乐王元子攸为帝（孝庄帝），兵指洛阳。南渡黄河后，尔朱荣将前来迎接的灵太后和她拥立的3岁幼主元钊（孝文帝曾孙）一并投入黄河，同时屠杀了随驾百官，据说死者达2000余人。这一惨案发生在528年四月，史称"河阴之变"。死难者中姓名可知的有80余人，可见当时在京高官大多于事变中丧生。

《魏书》称尔朱荣有意篡位，但他没有付诸实施，而是以靠近北秀容的晋阳（今山西省太原市）为据点（即"霸府"），凭借强大的军力控制洛阳。具体而言，尔朱荣在军事上掌控禁军将领，设立京畿大都督，掌管洛阳及其周边的军队；在中央文官系统中，他安插本族和不断扩大的军事集团内部成员；此外，他还输送手下的人才出任地方刺史。尔朱荣表面上尊崇皇帝，实际上手握实权，以重兵盘踞霸府，监视着皇帝和都城的一举一动。这种遥控方式在此后多次出现。

在尔朱荣实质掌权的这一时期，官员的超品擢升和频繁调动等人事变化颇为引人注目。或许因为余乱尚存，尔朱氏政权延续了孝文帝以来的北魏基本政策。不过，对于吸收了六镇降兵、具有浓厚胡族色彩的尔朱氏的专断独权，孝庄帝颇有不满。他联合弘农杨氏等反尔朱派官僚，在530年九月谋杀了前来入朝的尔朱荣。暴怒的尔朱氏一族在十月另立景穆帝曾孙长广王元晔为帝，并进攻洛阳，十二月杀孝庄帝，随后，在531年二月以长广王血脉疏远为由，另立献文帝孙、广陵王元恭为帝（前废帝，又称节闵帝）。尔朱氏再次掌控洛阳。

接下来出场的人物是高欢。高欢本是怀朔镇镇民，先为队主，后转为函使，负责向朝廷交送文书。作为再次起兵的旧镇民中的一员，他在背弃葛荣、投奔尔朱荣后开始崭露头角。尔朱荣死后，高欢伺机谋求自立。他率领尔朱氏分拨给他的旧六镇降兵，向东进入河北大平原，与在内乱中纠合乡里自卫的渤海名门高乾兄弟等河北豪族联手，举起反旗，正式与尔朱氏决裂。他们拥立渤海太守、景穆帝玄孙、安定王元朗为帝（后废帝）。532年，高欢在韩陵山（今河南省安阳市）击败尔朱氏主力，控制洛阳，改立孝文帝之孙元脩为帝（孝武帝）。此后，他还控制了尔朱氏的大本营山西地区，并将晋阳作为霸府。

另一位重要人物是宇文泰。宇文泰本来是武川镇镇民，当鲜于脩礼在河北再次起兵时，宇文泰成为他的麾下，后来投奔葛荣，在葛荣败后依附尔朱氏。他和同样在尔朱氏手下崛起的贺拔岳一起，参加了尔朱天光对西方势力万俟丑奴的讨伐。尔朱天光东返后，贺拔岳留守关中，却为高欢所忌，最终被与高欢暗通的人谋害。结果，宇文泰接手贺拔岳的势力，成为关中军团的指挥。

孝武帝与高欢的晋阳霸府日渐对立，在534年七月逃出洛阳，投奔关中的宇文泰（因此《魏书》中称孝武帝为"出帝"）。高欢则另立孝文帝曾孙元善见为帝，是为东魏孝静帝。因洛阳靠近关中，高欢便把都城迁到更东的邺城（邺县所属的魏郡改为魏尹）。邺城位于太行山东，历史可以追溯到春秋时期。邺在东汉末成为曹操的魏国王都，在五胡时期是后赵和前燕的都城。前文提到过，北魏明元帝时期曾有过迁都邺城的建议（参见第110页）。孝文帝在为迁都洛阳而南伐时，在邺城修建了邺宫。邺城是高欢最佳的都城选择。就这样，40年前迁居洛阳的人们再次被迫随迁至邺城。孝武帝在逃入关中后很快暴毙（据说被宇文泰毒杀）。535年，宇文泰拥立孝文帝孙元宝炬为帝（西魏文帝）。如此，东、西两地同时出现了作为权臣傀儡的皇帝，北魏至此分裂。值得注意的是，两位皇帝都是孝文帝的子孙。北魏末期自六镇之乱开始的动荡至此告一段落，中国北方开启了东、西二魏，继而是北齐、北周对立的时代。

东魏和西魏之间大战频繁，主战场在黄河沿线。537年，东魏西攻，在沙苑（今陕西省大荔县）大败。次年，西魏发起进攻，双方在洛阳展开了激烈的攻防战。543年，西魏在邙山大败。547年，东魏大将侯景叛变（详见后文），西魏趁机向东扩张。但549年，东魏夺回颍川（今河南省许昌市）。至此，双方交战暂时告一段落。

因大量人口迁至邺城，洛阳又多次成为战场，因此变得荒废凋敝。在北周统一华北后，周宣帝曾经试图修葺洛阳的宫殿。近年考古发现，阊阖门有修复的痕迹。然而积重难返，隋唐最终选择在汉魏洛阳城西，即周洛邑旧址重建洛阳城。

六、东魏—北齐

东魏的实权者是渤海王高欢。高欢自称出身河北名门渤海高氏，实际上当来自鲜卑系人群。高欢死后，其长子高澄、次子高洋先后继承了权力。三人都在晋阳霸府遥控邺都的东魏皇帝。550年，孝静帝禅位给齐王高洋（文宣帝），北齐建立。

所谓"禅让"，指的是在形式上不以武力夺取政权（"放伐"），而是以和平方式进行的政权交替。相传三皇五帝时期，圣人天子尧→舜→禹之间的权力交替就是让位于有德之人，而不是父死子继。西汉末年的王莽代汉是第一个禅让实例。自3世纪东汉献帝禅位于魏文帝，至10世纪宋太祖赵匡胤登基，此间的王朝更迭大都以禅让的形式进行，而五胡诸国、北魏等自立建国的政权属于例外。需要注意的是，与禅让的理念——向有德者逊位的和平让权——相反，在权力更迭后，前任皇帝往往结局悲惨。东魏孝静帝在禅让后被封为中山王，表面上受到礼遇，实际在文宣帝出行时常常被迫同行，备受屈辱。因担心被毒杀，在吃饭时一直由王妃为王试毒。结果，中山王还是没能逃脱被毒害后全家遭灭亡的命运。西魏恭帝向北周宇文氏禅位（见下节）以后，也于次月被杀。

说回北齐。虽然北魏分裂为东、西两部，但大部分领土和人口都集中在东魏。而且，高欢还接管了尔朱荣手下的众多六镇旧镇民。这些镇民被安置在晋阳周边，其中追随高欢、立下战功者被称为"勋贵"。

晋阳地处交通要冲，沿汾水（汾河）向南可进入黄河，再西进可出击长安，向东则可直抵邺城，凭借强大的兵力控制东魏朝廷。高欢把自己的主力集中在晋阳，就是为了兼顾长安与邺城。北齐代东魏后，这种布局维持不变。除了在邺城受禅的文宣帝，其他北齐皇帝都在晋阳即位。即位后的北齐皇帝也常往返于邺城和晋阳。北齐的邺城与晋阳相当于两都制。谷川道雄认为，出现这种情况可能是北齐君主在即位时，需要得到晋阳勋贵集团的认可。晋阳的军事力量是高氏政权的基础，不能忽视居住在晋阳的旧镇民和他们的统领，即勋贵的作用。

高欢不仅拥立了孝文帝之孙和曾孙，还收拢了孝武帝西奔后留在洛阳的代人，北魏中央军也多被东魏接管（史书称"六坊之

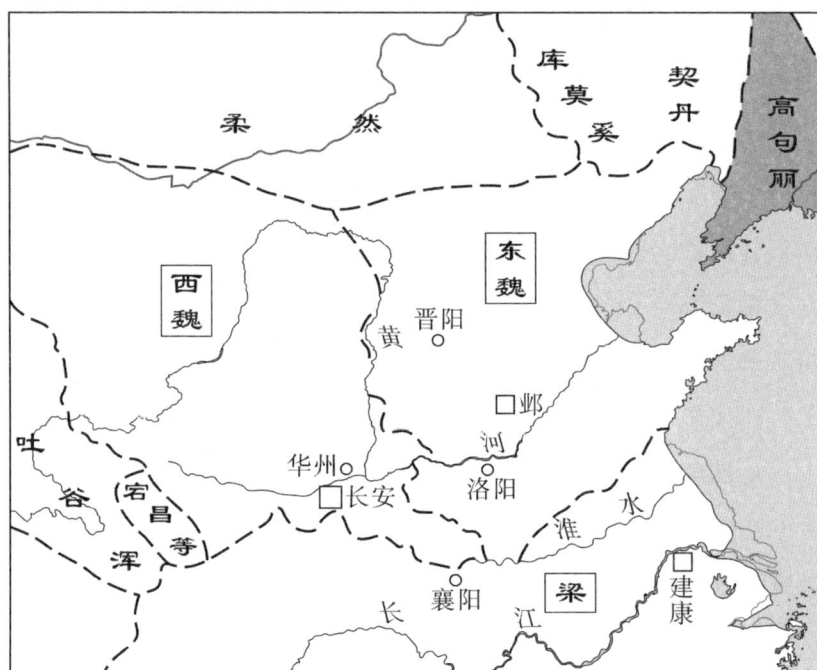

图5-13　东西魏对峙图（546），虚线为疆界线（基于郭沫若主编《中国史稿地图集 上册》绘制，中国地图出版社，1996年）

众"）。所以，北魏政权下的诸族大都留在东魏，他们被安置到邺城。汉族官员也多数留在东魏。因此，孝文帝改革后的政策，如均田制等，在东魏、北齐大体上得到延续。然而，军事力量、人口和农业生产力，既是东魏—北齐相较西魏—北周的优势，也成为它的弱点。

勋贵在东魏—北齐的势力极大。其中的代表人物侯景，原本是镇民，追随尔朱荣成为武将，在归附高欢后深受器重，担任河南道大行台10余年，统率兵力号称有10万众。

这些勋贵原本就是反对孝文帝改革政策的镇民，自然对其定下的发展方针不尽认同。高欢在扶植孝武帝即位时，采用了具有北族色彩的礼仪（参见第125页）。身为孝文帝之孙，这样的仪式显然不是出自孝武帝自己的意志。无论高欢本人想法如何，新政权肯定需要顺应旧六镇之众的喜好。孝武帝的即位仪式反映了镇民（包括统领他们的勋贵）对孝文帝改革的消极态度。再举一例，559年，北齐改皇后号为"可贺敦皇后"。可贺敦即可敦，指可汗之妻。尽管没有迹象表明北齐也改了皇帝号，且可贺敦的称号并未长期行用，但这一举措显然是为了迎合不愿继承孝文帝政策的人们。

《北齐书》记载，高欢在军中发号施令时常使用鲜卑语，而且当时的鲜卑人蔑视汉族官员（《高昂传》）。尽管旧镇民与"河南人"的气质、风俗明显不同，但高欢及其继承者们还是基本延续了孝文帝时期确立的政策。因此，高氏政权既要依仗勋贵，又要构建超越他们的力量。高氏采取的策略便是与汉族门阀联合。

高欢（神武帝）

高澄（文襄帝）

①文宣帝 550—559

②废帝殷 559—560

③孝昭帝 560—561

④武成帝 561—565

⑤后主纬 565—577

⑥幼主恒 577

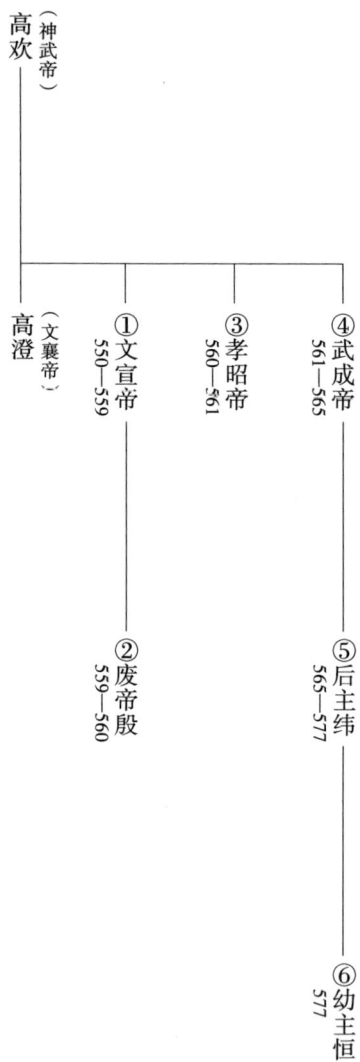

图5-14　北齐帝系图

　　在东魏—北齐，范阳卢氏等四姓都有本籍，除他们之外，还有很多名门望族。这些豪族根植乡里，在当地拥有巨大影响力。他们在孝文帝改革后，确立了稳定的政治、社会地位，逐渐移居都城。但在这一阶段，他们死后还是多归葬祖茔。

　　这些名门望族很早就支持高欢反对尔朱氏。高欢之所以能迅速掌控华北东部，很大程度上仰仗于他们的协助。汉族门阀在遏制勋贵方面与高氏步调一致。但是，即便勋贵遭到清算，或如侯景那样逃往南朝，其势力依然未被彻底瓦解。废除文宣帝继承人（废帝）自立的孝昭帝就十分尊重勋贵。因此，皇帝、汉族门阀与勋贵之间的对立持续到北齐末年。这一模式在武成帝之后，随着恩幸势力的加入，逐渐演变为北齐末期三方对立的局面。恩幸的政治地位虽然不高，但因担任皇帝近侍而能够干预朝政。北齐在充斥着阴谋、诛杀和政变的血腥政治斗争中，于577年迎来被北周消灭的结局。

　　时间回到547年，侯景在高欢死后次月就背叛东魏逃往南朝萧梁，却又在次年反梁，包围都城建康，困死梁武帝。梁朝陷入大乱。552年，梁元帝消灭侯景，在长江中游的江陵（今湖北省荆州市）即位。554年，西魏军队突袭江陵，梁元帝被杀，梁朝的官员和百姓全被掳到关中。西魏扶持梁武帝之孙在江陵即位，史称"后梁"。在建康方面，陈霸先击败王僧辩，拥立梁敬帝，不久后自立，于557年建立陈朝。趁梁末陈初局势混乱，北齐占领了淮南，并3次试图培植傀儡政权，然皆以失败告终。后梁夹在陈与西魏—北周之间，苟延残喘到587年，最终并入隋朝。

被西魏掳到关中的人中，有一位名叫颜之推的官员。他冒死出逃，在北齐受到重用，北齐灭亡后再度被带回关中，不得不出仕北周和隋。他一生坎坷的经历催生出名著《颜氏家训》。通过这部书，我们可以了解到南朝门阀在侯景之乱中走向灭亡的缘由。

补充一下，东魏—北齐对读者而言或许比较陌生，但肯定有不少人听说过舞乐《兰陵王》。《兰陵王》的原型是高长恭（一名高孝瓘），他是高澄（谥文襄帝）之子、高欢之孙，封地在兰陵。舞乐《兰陵王》演绎的是他在邙山与西魏大战的雄姿。"貌柔心壮，音容兼美"（《北齐书·兰陵武王孝瓘传》）的高长恭最终因受到皇帝的猜忌而被毒杀。在北齐的乱局中，宗室诸王或消极避祸，或积极争权，但都不得不卷入纷争。

七、 西魏—北周

西魏的实权人物是宇文泰。从姓氏可以看出，他出自胡族。宇文泰以与他同样出身武川镇的镇民为核心，在关陇地区（包括关中和甘肃东部）汉族豪强的协助下维持统治。他在西魏都城长安东边的华州（后改名同州，今陕西省大荔县）设置霸府。这些都与东魏高欢类似。不过，西魏较东魏有一个巨大的劣势，即鲜卑士兵较少。孝武帝逃往西魏时，据说带来了近万名禁卫军，即便如此，加上宇文泰原有的兵力，西魏治下的鲜卑人口依然有限。宇文泰通过吸收乡兵来弥补这一军事劣势。乡兵指的是在北魏末内乱中各汉族豪强利用自己的影响力在乡里组建的军事集团

（东魏也有乡兵，如渤海高乾兄弟的军队，参见第192页）。宇文泰在这一时期保留了原豪族的指挥权，直接收用这些乡兵。如前所述，东、西魏连年交战，西魏虽有胜局，但在543年的邙山大战中惨败。损失惨重的宇文泰，当务之急是广泛动员关陇豪族，扩充兵力。因此，西魏在大统十六年（550）设立了二十四军制度，置6名柱国大将军，每名柱国大将军下设2名大将军，每名大将军再下设2名开府，每名开府统率一军，合计二十四军。二十四军隶属于西魏的实权者——丞相宇文泰①。二十四军后来成为北周皇帝的禁卫军。柱国大将军和大将军在北周开国以后都身居高位。总之，西魏的国家体制具有浓厚的军事色彩。

二十四军制度的关键在于军下有团，团下设仪同府（军府），仪同府统辖士兵。军府成了兵源所出。士兵脱离一般民户的户籍，在军府著籍。这一制度成为隋唐时代府兵制的起源。需要注意，汉人是这一兵制的重要组成部分，汉族士兵也受到军府管辖。不过，他们似乎是从乡兵改编而来的。

西魏为这个制度赋予了更深一层内涵。549年，西魏恢复胡姓，即在孝文帝改革中改为汉姓的胡族改回原姓，并且赐汉人有功者鲜卑姓。二十四军下的士兵直接随本军统帅之姓。因此，汉族开府在获得鲜卑姓以后，其属下士兵也都随之改为同一鲜卑姓。尽管实际上是汉人军队，但表面上模拟了游牧国家部族首领与成员之间的关系。

---

① 6名柱国大将军之外还有2名柱国大将军，宇文泰是这两名柱国大将军之一，在8名柱国大将军中居首位。

前文讲过，孝文帝在为胡汉诸族定门第时，曾与臣下讨论过人才选拔的标准应该是门第还是才能。此后，即便是出身阀阅的北魏士人，也多因追求高位而趋炎附势。不过，对门第不高者而言，以出身定官职绝非所愿。西魏境内不含四姓之郡，虽然也有陇西李氏、京兆韦氏、弘农杨氏等名门士族，但其数量远不及东魏。此外，在孝文帝改革以来逐渐形成的门阀社会中，旧镇民等胡人是弱势群体，他们对门阀主义抱有反感。

因此，西魏政权极力避免门阀主义，甚至根据《周礼》全面改定了官制。据传《周礼》记载了西周制度，其中官职大致分为六类。556年，宇文泰在去世前依据《周礼》制定并推行了六官制。六官制中各部门的长官分别是大冢宰、大司徒、大宗伯、大司马、大司寇和大司空。这些长官的属下也仿照《周礼》重新命名。为了配合改革，西魏又改九品官制为九命制。与九品官制相反，九命制中九命最高，一命最低（各命内再分上、下等）。这一系列改革的目的在于打破魏末以来的门阀主义。《周礼》在历代新政和新制改革中常被用作依据。1世纪，王莽建立新朝时便依照《周礼》推行政策；此后，武则天代唐建周时，同样以《周礼》作为新政的蓝本。西魏—北周也是如此。此外，一些五胡君主使用的"天王"称号也出自《周礼》。北周孝闵帝便曾采用过"天王"号。一说，6名柱国大将军统领二十四军的设计也受到了《周礼》中天子六军的影响。

如果要以什么代替门第来作为选拔官僚的标准的话，那就是才能了。当然，直接这么说也有问题。孝文帝认为，门第包含才

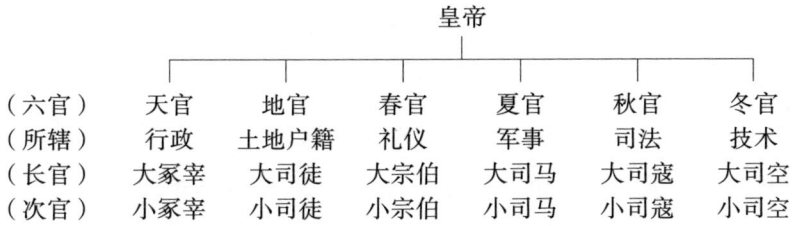

图5-15 六官制示意图

（六官）	天官	地官	春官	夏官	秋官	冬官
（所辖）	行政	土地户籍	礼仪	军事	司法	技术
（长官）	大冢宰	大司徒	大宗伯	大司马	大司寇	大司空
（次官）	小冢宰	小司徒	小宗伯	小司马	小司寇	小司空

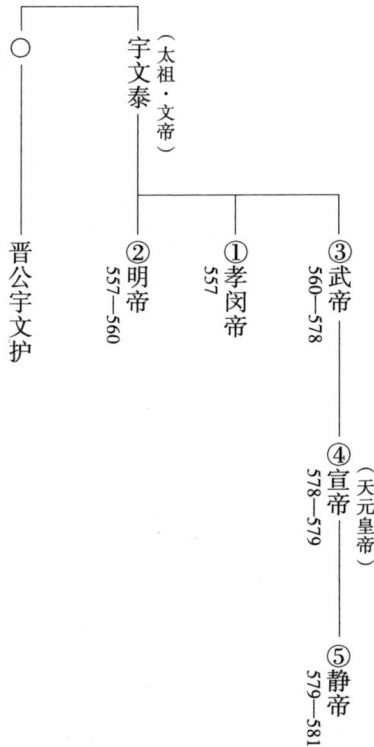

图5-16 北周帝系图

能，好门第方能培养出优秀的人才。因此，他非常重视对官员的考课。而西魏则采用了更加纯粹的贤才主义理念。在六官制实施前，汉族官僚苏绰起草了《六条诏书》，内容是地方官行事应遵守的6条标准，其中第四条就是"擢贤良"。这本是地方长官选用部下时应遵循的标准，但苏绰指出："今之选举者，当不限资荫，唯在得人。苟得其人，自可起厮养而为卿相，伊尹、傅说是也，而况州郡之职乎。"他认为中央、地方都应选贤用能。宇文泰把《六条诏书》常置案头，并要求百官习诵（《周书·苏绰传》）。可见，西魏走上了与孝文帝改革相反的政治路线。但是，无论东魏—北齐还是西魏—北周，都继承了北魏的国家根本性制度，如均田制、租调制等，只对其调整了一些细节。

556年，宇文泰去世，至死未接受王爵。次年，西魏恭帝元廓禅位于宇文泰之子宇文觉（孝闵帝），北周成立。北周基本延续了西魏的各项政策。其中，560年即位的周武帝的功绩值得一提。首先，他诛杀了权臣宇文护。后者在同州霸府掌握军政大权，也是扶植武帝登基之人，由此，周武帝得以在572年亲政。他积极巩固皇权，改革六官制等旧制度，推行富国强兵的新政。为收回聚集于佛教团体的丰富人力和物力资源以充实财政，周武帝于574年发动了大规模灭佛运动。北周灭北齐后，这一政策扩展至旧北齐地区。不过，在周武帝离世后的次年（579），佛教就迅速复兴。灭佛运动之外，在北周的儒释道之争中与佛教争夺三教之首的道教也遭受打压。

周武帝乃至北周最大的敌人是北齐。为了攻击北齐，周武

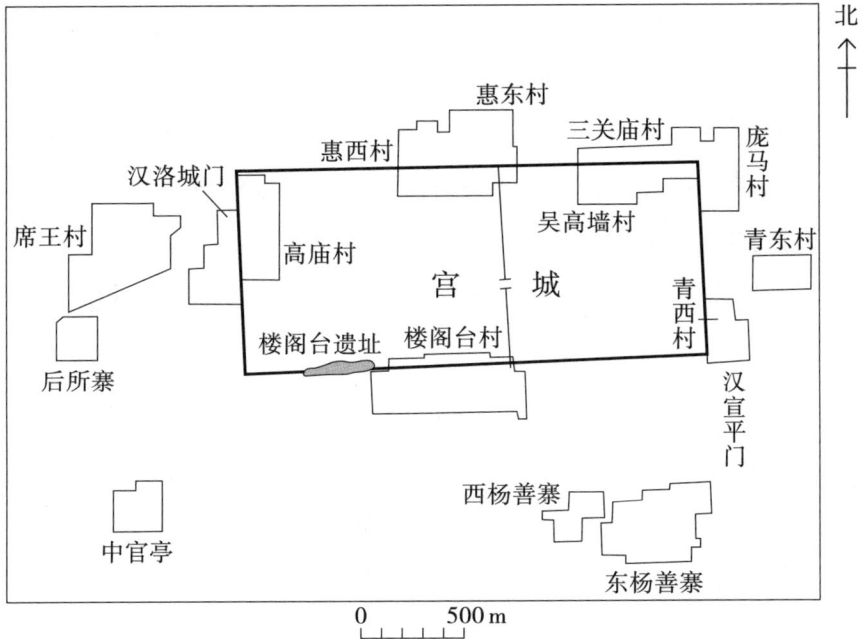

图5-17　北周长安宫城（楼阁台遗址）。据《考古》2008年第9期绘制。汉宣平门在东城墙三门中最北，汉洛城门在北城墙三门中最东。北周宫城以两门为对角线，呈长方形，其北墙、东墙和西墙北端均与汉代城墙重叠

帝先说服南朝陈进攻北齐，又猛击西方强国吐谷浑，致使其国王出逃。575年，周武帝在洛阳方面的攻击受挫后，改变策略，于576年十月亲自率军北上，年末攻陷晋阳，次年占领邺城，成功灭北齐。至此，华北再度统一。周武帝下令解放被没为奴婢之人，其中包括灭江陵时被强掳到北方的南朝人。

周武帝在578年遽然离世，宣帝即位。为巩固个人权威，宣帝次年就逊位给年幼的皇太子，自称天元皇帝。天元皇帝发布了一系列改革措施，却也骤然去世。结果年幼的静帝被迫禅位给宣太后之父杨坚。581年，隋朝建立。

对隋而言，剩下的目标便是南朝陈。在北周灭北齐后，陈就与北周发生了军事冲突，后来北周逐渐占据上风，于579年攻占淮南。589年，隋灭陈，实现统一。除了西晋短暂的统一外，这是中国近400年来再次实现大一统。

隋文帝杨坚在即位后废除六官制，改中央官制为三省六部制，并在汉长安城的东南方新建大兴城作为都城。后来，唐朝沿用了大兴城，改名为长安。自东汉末年以来，尽管经历了长期的战乱，长安始终保持着重要的地位。它或作为统一政权的都城，或成为西方政权的都城。即便政权的重心在华北东部，长安仍是不可忽视的战略要地。因此，长安几乎在每次政权更迭时都会经历破坏与修复。五胡时期的长安宫城位于汉长安城的东北部，似乎沿用了汉代的城墙，南北长约1千米，东西宽约2.2千米。隋唐则直接放弃了这片满目疮痍的宫城区域，以明确的城市规划重新建设了一座巨大的都城。大兴城（长安）以其宏伟的姿态昭示着新时代的到来。

最后再介绍一下在北朝后期日渐重要的蒙古高原国家。柔然一直是北魏北方的主要威胁，但随着在西部阿尔泰山脉活动的高车的独立，柔然逐渐衰弱。520年，柔然可汗阿那瓌亡命北魏。然而，如前所述，阿那瓌在掠夺北魏北境后北返，这成为六镇之人明确感知到朝廷无能的代表性事件。此后，柔然趁着北魏分裂再度崛起。面对强大的柔然，东西魏都采取了和亲策略。西魏文帝迎娶阿那瓌长女为后，东魏高欢也以阿那瓌之女（蠕蠕公主）为妃。高欢子高湛（后为北齐武成帝）之妻是阿那瓌的孙女，她被称为茹茹公主。茹茹公主墓目前已经发掘，内有豪华的陪葬品和壁画。从墓志可知，茹茹公主嫁给高湛时年仅5岁，在13岁时离世。

高车被视作丁零的后裔（又称"高车丁零"），是最早建立政权的突厥系民族之一。但是，高车作为国家存在的时间非常短暂，很快就被突厥（Türk 的音译）吞并。迅速崛起的突厥接着又攻破柔然，迫使阿那瓌自杀[1]，自称可汗而代之。突厥甚至还与位于今伊朗的萨珊王朝联合，消灭了西方强国嚈哒，最终成长为东起蒙古高原、西至里海北岸广袤土地的王者。

北周和北齐都需要突厥的支持，他们的外交政策如突厥可汗所言——"在南两个儿孝顺"（《北史·突厥传》）。周武帝以木杆可汗之女为后，北周末年把千金公主嫁给他钵可汗。不过，千金

---

[1] 阿那瓌死于552年，其残部在555年被灭。

图5-18 茹茹公主墓。茹茹公主在542年嫁给高湛，于550年东魏灭亡前离世，死后葬在高欢墓区内。邯郸市博物馆复制了茹茹公主墓，本图为博物馆复制的墓道和主墓室入口，墓道左右壁及墓门上方有精美壁画

公主是宇文泰的孙女，不是皇帝的女儿。事实上，中国历史上封宗室女性为公主来与周边诸国和亲的例子很多。

对在中原东、西两国之间左右权衡的突厥而言，北齐的灭亡无疑是个重大打击。突厥拥立亡命而来的高绍义为帝，扶植他与北周对立。578年，周武帝在亲征突厥途中病逝。此后突厥的谋划也不曾停息。虽然突厥在583年分裂为东、西两部，但从北朝末期到唐初，它对中国历史的影响一直非常巨大。

曾主导代国和北魏的拓跋氏（元氏）在北魏灭亡后情况如何呢？《北齐书》列传中立传的元氏人物虽仅有9人，但天保十年（559），北齐大规模诛杀元氏，多达721人罹难（《北齐书·元韶传》）。相较之下，《周书》中元氏有列传者仅2人。不过，西魏—北周似乎并未特别打压元氏。例如，最初设立的8名柱国大将军之一便有广陵王元欣，《周书·元伟传》中共罗列元氏名位可知者13人。这说明元氏在西魏—北周时期保留了一定的影响力。《新唐书·宰相世系表五下》中记录了元氏的两个支系，一支是孝文帝的子孙，另一支是拓跋什翼犍第六子的后嗣。唐代诗人元稹就出自后一世系。

终　章

······

以上五章的主要内容可总结如下。

代国是由各族长率领的大小部族归顺拓跋部君长后，以其为核心形成的部族联合国家。拓跋部君长不仅需要巩固对部族内部的控制，还需要强化对归附部族的掌控。然而，他们始终无法摆脱这些归附部族，尤其是配偶（后妃）部族的制约。另外，新加入的胡族集团和汉人则直接受代王统治，成为支撑王权的力量。

尽管复国后的代国（北魏）具有相似的权力结构，但这些归附部族在不同时期接受了不同程度的部族解散，代国（北魏）君主成为他们的可汗。原部族组织解散后，部分成员被安置在畿内，他们被称为"代人"。虽然依然受到本族和其他旧部族上层的制约，但从继承人选择等方面可以看出，代国（北魏）君主的权力正逐步增强。

在打败后燕以后，北魏面临的新挑战是如何统治以汉人为主体、数量远超自身的农耕人口。对此，北魏君主在以代人为核心的军事力量的支持下，以皇帝身份进行统治。这便形成了北魏君主对归附部族以可汗身份、对汉人以皇帝身份的双重统治体制。

随着领土的进一步扩张，北魏开始需要把农耕民也补充到军队中。为此，它打破了原有的豪族宗主制，对农民进行编户，实施均田制，向编户民征税并派发兵役。此外，为摆脱旧部族上层的制约，北魏逐渐放弃双重统治体制，转而向中原王朝的一元统治模式靠拢，即皇帝利用官僚体系来管理民众。同时，旧代人被强制转变为北魏王朝的臣民，而汉人则开始活跃于政治舞台，成为制定并实施政策的高级官僚。这些变化在统一华北后逐渐显现，并在孝文帝时期迅速推进，其象征性事件就是迁都洛阳。

然而，孝文帝时期确定的体制使部分胡族被边缘化，招致其强烈反抗。北魏因此发生内乱，并分裂为东、西两部。东魏—北齐延续了孝文帝时期的体制，而西魏—北周在选择性地继承了北魏后期的政策的同时，又在很多方面构建了与北魏不同的统治体制。北周孕育出的隋朝虽然继承了府兵制等北周制度，但也吸收了不少北齐的制度。唐朝则基本继承了隋制。

那么，介于秦汉与隋唐之间，且只是占据了中国北半部的北魏，到底具有什么样的历史意义呢？以下将再次审视这一问题。

一、 制度

隋、唐政权因在统治阶层、制度、文化等方面具有诸多共通之处，而常常被视为同质性王朝。一般认为，它们继承了中国历史上第一次统一帝国时期——秦汉王朝的制度和文化，并使其臻于完善。

所谓秦汉之制，首先是由秦朝创立的皇帝通过官僚依法统治民众的体制。在国家内部，设立郡县，由中央派遣官员进行统治，并征用当地人协助管理（即郡县制）。汉初承认由王直接统治王国（郡国制），不久后改为封王不封地，实际上从郡国制变为郡县制。国家通过户籍管理民众，征收赋税、派发兵役。此外，儒家成为支撑皇权统治的主要意识形态。基于儒家理论，自西汉末期至东汉初期，汉朝逐渐确立了在都城南北郊祭祀天地、在都城内祭祀宗庙和社稷等重要国家礼仪，并整备了礼仪中不可或缺的乐制。由于秦汉时期形成的这些制度成为后世王朝的参照标准，渡边信一郎称之为"传统中国的古典国制"。同时，秦汉时期的农业经营方式也多被后世继承和发展。

但不可否认，隋唐时期的许多方面，不能仅用对秦汉时期的继承和发展这一观点来解释。那么，隋唐制度是如何形成的，其源头又在哪里呢？对于这个问题，陈寅恪在《隋唐制度渊源略论稿》中有如下回答。

陈氏指出，隋唐制度的来源有三：①（北）魏、（北）齐；②梁、陈；③（西）魏、周。其中，①由秦汉、西晋而来，经南朝刘宋、南齐变迁发展，被北魏模仿采纳，并由北齐加以总结；②由秦汉而来，经南朝前期变迁发展，在南朝后期由梁、陈进一步确立；③是由关陇地区保存的汉族文化与鲜卑六镇势力融合而产生的，其影响不如前两者显著。此外，永嘉之乱后在河西地区保存的制度和文化对①产生了影响，属于①的分支。陈书从礼仪（包括都城建筑）、职官、刑律、音乐、兵制、财政等方面具体论证了这些观点。

尽管有批评认为陈寅恪对③的关注不足，但总体而言，陈说影响深远。此后，关于中国史发展的主线出现了两种主要看法：

一种是秦汉→南朝→隋唐的南朝主流论，另一种则是北朝主流论。对此，本书不做过多讨论。

相信读者已经发现，陈寅恪列举的许多方面与本书存在重叠。这是因为本书讨论的正是与隋唐前半期牵涉颇深的各项重要制度。

首先，作为隋唐统治基础的均田制和租庸调制均源自北魏。有观点认为，北魏的均田制是一种限制大土地所有的政策，同一系列的政策始于西汉末期未实际实施的限田制，而北魏的均田制与3世纪西晋的占田制、课田制的关系尤其密切。目前尚不明确占田制和课田制是否都以户为单位。大略而言，占田制根据官僚品级限制其可占有土地的上限，平民男子限额70亩，女子30亩（即夫妻合计100亩），并对所占田土征定额税（每亩3斗）。课田是向户主男丁分配50亩土地，强制其耕种，每户征收一定的帛、绵、谷物等作为调（户调）。北魏的均田制则是分配给夫妇一定数量的土地，并征收固定的租调。可见，均田制既具有限制大土地所有的特征，又具备土地分配的性质，其思路确实与占田制、课田制相近。

然而，这种分配土地的做法也见于北魏初期的计口授田政策。这种方式真的是基于占田制和课田制的理念制定的吗？若要强制迁民到无主之地耕作，最合适的方式就是分配给其土地并对其进行编户。这是自然之选。而三长制和均田制出现在北魏统治整个华北并向各地派遣军队后，是出于在漫长的前线部署大量军队以对抗南朝的需要。给从宗主制剥离出来的农民分配大量无主之地，并对其进行编户，无论是方案的提出者还是周围之人，都必定对建国初期计口授田政策的成功记忆犹新。当然，计口授田政策与均田制有所不同，所以不应过度强调均田制中的鲜卑要素。我们只需认识到，文明太后临朝称制时期和北魏初期的政策之间，在背景与解决方法上存在相似性。当然，为了获得当时人对这一政策的支持，援引本来就有的均田思想或者土地规划和分配的传统思想进行解释，是一种有效的策略。

南朝在5世纪中后期也采取了限制山泽占有的政策，显示出限制大土地所有的倾向。然而，南朝是否能发展出均田制呢？虽然不能完全否认，但无论从政策发布的紧迫性还是国家权力的执行层面看，南朝都难以像北魏那样在较早阶段产生类似均田制的政策。

北魏的均田制承认向奴婢和耕牛给田，并允许豪族占有大量土地。这些规定在隋唐时期被废除。这是因为北魏在实施均田制时，仍需依赖豪族控制农村，而隋唐时期这种依赖在一定程度上被消除，政策随着时代的变迁进行了调整。但总体而言，北魏的均田制仍可被视为隋唐政权建立的基础。此外，继承了诸多北魏政策的北齐，也根据爵位和官品限制官僚所能蓄养的具有受田资格的奴婢数量，但即便如此，哪怕是平民也可以最多蓄养60名奴婢。

府兵制是西魏为了应对东魏而采取的措施，是非汉族政权在特殊形势下发展出的制度。当时，西魏的军事力量远逊东魏，后者吸纳了北魏大部分近卫军团和旧镇民从而军力强盛。研究指出，隋代的府兵制发生了重大变化，之前单独编入军籍的府兵开始转为民籍，即从兵民分离变为兵民一体。但也有否定兵民一体化的观点。本书认为，士兵虽然附在民籍，他们仍需承担原来在军府时的任务。尽管隋代的这一变化具有重要意义，但在继承隋制的唐代，任职府兵仍然只是部分民众的义务。他们根据均田制分得土地耕种，这一点和一般农民相同。不过，作为租庸调、杂徭的替代，他们需要接受军事训练，轮番到都城执勤（上番），还需要作为防人守卫边境等。重要的是，府兵隶属于折冲府（军府），这与一般民夫大相径庭。因此可以认为，隋唐的府兵制基本上继承了西魏以来的府兵制度。

在支撑皇权统治的官僚制度方面，北魏以西晋制度为基础，参考了东晋和南朝的新发展。东魏—北齐继承了北魏的制度，隋唐大体上将其延续。除了散官、勋官等方面，隋唐基本没有采用西魏—北周的独特官制。因此，隋唐主要继承的是传统中原官制。不过，这一传统官制中也有北魏的加工。三国曹魏将官职分为九品，九品又分正从，共十八阶。北魏官制中，四品以下的官品再分上下，共三十阶。隋唐官制也是三十阶。此外，北魏时期将军号逐渐从统率军队的职能中剥离，成为官僚地位的标识，这成为唐代散官的一个渊源。

这里对散官和勋官再做一些补充。唐代官员的官衔中，有表示实际职务的官职（职事官），也有体现官僚地位的文散官、武散官，只有少数人才拥有爵位，此外还有勋官。这样复杂的体系源于北魏时期将军号的变化，正如第二章指出的那样，将军号此时开始表示官僚的政治地位。北魏还出现了与散官类似的无实职、无定员的官职，"某某大夫"（如光禄大夫等）就是一例。当然，南朝也存在这种官职。六镇之乱以后，将军号作为勋功的奖励而被乱授，这使得将军号与实际官职之间的品级差距过大。因此，北魏实行了将军号和"大夫"类官职组合授予的"双授制"。其间又经过一系列变化，待到隋唐时期，将军号序列演变为武散官系统，"大夫"和"某郎"类官职演变为文散官系统。另外，军队中有尚在实际指挥士兵的各级武官，这些本来与官品无关的军官序列也逐渐染上位阶色彩，作为对军功的奖赏。这个序列及其官名起源于西魏的九命制，经过隋朝的演变，在唐朝成为勋官。因此，散官和勋官的设立背景中存在军事因素。男性成年游牧民都是士兵，他们通过军功提升地位。在以原部族成员为主力兵源的北魏，将军号作为政治地位的象征而受到重视并非没有原因。此外，北魏的依阶晋升、考课等制度也被唐朝吸纳。

上述各类制度，在秦汉以来的法律体系中均有体现。汉代的基本法是律，令是按需制定的规定。两者在西晋时期合并为律令（泰始律令）。南朝基本继承了泰始律令，梁代编纂的律令也属于这一系统。然而，隋唐帝国形成了更加系统化的律令格式。令是行政法规，律是刑罚规定，格是补充规定，式是实施细则。这一变化与隋唐继承了北魏律令的传统密切相关。下面稍加说明。

具有独特官制和刑罚的北魏，对律令给予了高度重视。北魏在建国初期就制定了律令，随后在神䴥四年（431）、太和十六年

（492）和正始元年（504）分别颁布了新律令。此外，北魏还多次修订律令，并制定了官品令等法规。正始律令的主要制定者是南朝流亡而来的刘芳。正始律令可能在一定程度上受到了南朝律令，尤其是泰始律令及其后续变革的影响。[①]

北齐在河清三年（564）编纂了河清律令。该律令对北魏律令做了诸多修改，如减少律的篇目，修改各篇目的名称和名例等。北齐的律令吸收了北魏诸多改革成果，均田制就出现在其中，尽管有所修正。在河清律令之前，东魏曾实行"麟趾格"，这是以"格"的形式将西晋以来作为律令补充的"故事"和"科"颁布实施。此外，西魏亦编撰了"大统式"。

隋文帝颁布的开皇律令建立了完整的律令格式法律体系，该体系后来被唐朝所继承。从形式上看，隋律显然深受北朝律法的影响。那么，其内容又如何呢？开皇律令的内容同时参考了魏晋、南朝、北周、北齐的律令，但令中规定的均田制、租庸调制、府兵制等基础制度均源自北朝。开皇律令与北齐的河清律令不仅在篇目数量上同为12篇，其篇目名称和顺序也几乎完全一致。由此可见，在开皇律令中，不论形式还是内容，北魏以来的北朝律法在其中都占据了重要地位，而开皇律令又被唐初的武德律令所继承。

此外，还有一些值得注意的细节。例如，北魏文成帝时期改部分死刑为流刑，这在河清律令中被明文化。隋唐刑罚"笞"

---

① 正始律令的内容散见于《刑罚志》等记载，但也有观点认为该律令未曾实际施行。

"杖""徒""流""死"中的流刑正源自北魏。

礼仪是皇权统治中不可或缺的一环。皇帝与官僚、皇帝与周边诸国以及各区域之间的关系，都需要通过礼仪加以确认。在儒学成为国家统治思想之后，对天地的祭祀，尤其是祭天仪式的重要性凸显。这是因为儒家认为只有天命之人才能成为皇帝。然而，在北魏前期，朝廷采用郑玄学说，在南郊祭天仪式中，皇帝并不亲自到场，而是由官僚代行祭祀，西郊祭天则由皇帝亲祭。相较于中原王朝的皇帝祭典，北魏更重视具有游牧政权特征的可汗祭典。孝文帝废除了西郊祭天，开始亲祀南郊。此后北魏虽没有恢复西郊祭天，但皇帝也未必亲祀南郊，而是多由官僚代行。受此影响，唐代的祭祀制度分为皇帝亲祭和有司代行两种形式，郊祭由官僚代行成为常态。东晋、南朝的南郊祭天则均由皇帝亲祭。

"郊"的本义是指都城城墙外的区域，因此，郊祀与都城密切相关。西汉都城长安形状不规则，并不是整齐的四方形。西汉时期，天地祭祀的场所不在长安郊外，而是在远离都城的地方。东汉都城洛阳呈竖长方形，郊祀开始固定在南郊。杨宽指出，汉唐间长安城的规划发生了变化。汉代长安城的布局为"坐西朝东"，主要宫殿位于西侧，主位在西。到了唐代，长安城的布局变成了"坐北朝南"，即以北面为尊。下面就这一重大变化进行说明。东汉洛阳城内有南宫和北宫两处"宫区"（由围墙包围数座"殿"构成的区域），宫殿和门的配置呈坐北朝南的格局。曹魏、西晋时期的洛阳城由两宫制改为一宫制，并出现了中心建筑——太极殿。太极殿位于原北宫旧址。北魏迁都洛阳后，沿用了曹魏、西晋时期的城墙，又在原址上重建了太极殿（位于都城北部），并于旧城墙外新建了外郭（围绕皇城的城墙）。新的外郭呈横长方形。佐川英治指出，孝文帝重视的圜丘设在太极殿的正南，两者的连线成为包括外郭在内的洛阳城的中轴线。呈长方形的城墙、以北部为中心的建筑群、以中轴线为基准的左右对称设计，这些无疑都是中国都城发展史上的重要成就。这一设计后来被隋代的大兴城和唐代的长安城继承。另外需要注意的是，尽管孝文帝废除了西郊祭天，但其对圜丘的重视，可能反映了游牧民族对祭天的重视已融入中原传统祭天仪式之中。

与礼仪密不可分的是宫廷音乐。北魏前期，鲜卑系和北族系音乐占据主流。即使在孝文帝和宣武帝占领淮南，南朝继承的西晋音乐流入北魏以后，其主导地位仍未动摇。孝文帝曾下令恢复古乐，即西晋宫廷乐，却因主事者的离世而不了了之。宣武帝也曾要求调整音律，但未能完成。直到孝庄帝时期，才开始将北族音乐和南朝音乐进行结合，其中鲜卑系和北族系音乐的影响更大，这一状况一直持续到北齐、北周时期。隋初，旧北齐官员颜之推因隋朝雅乐"并用胡声"（《隋书·音乐志》）而请求改革。因此，隋朝改定的乐制中不仅有从南朝获取的汉魏以来的中原乐制，还融入了五胡政权时期以来进入中原的鲜卑等周边民族的音乐。其中，北魏的《真人代歌》一直是保留曲目。

另外，西汉末东汉初传入中国的佛教在魏晋南北朝时广泛渗入民众阶层，隋唐时期在教理方面取得了巨大进展。关于这一点，虽然不应过度强调北魏作为非汉族王朝的影响，但不可否认的是，胡族普遍对佛教抱有好感。北凉时期，佛教已有成为国教的迹象。受北凉影响，北魏自正始年间开始将佛教作为国家宗教信仰，这一点不容忽视。另外，在佛教的影响下，东汉时期尚处萌芽阶段的道教逐渐具备宗教形态，并延续至隋唐。在此过程中，不乏像寇谦之那样与统治者建立紧密联系的情况。

二、统治阶层

关于统治阶层，需要指出以下两点。第一点，大部分五胡诸国和北魏（乃至东、西魏）的君主并非汉族。尽管正史中记载隋朝皇室出自弘农杨氏，唐朝皇室出自陇西李氏等西魏的顶级士族，然而，实际上隋文帝杨坚五代以前的祖先和唐高祖李渊四代以前的祖先，都来自武川镇。西魏时期，杨氏和李氏作为宇文泰旗下武川镇集团的成员被赐予胡姓，杨氏为普六茹，李氏为大野。作为受封的柱国大将军（共8人）和大将军（共12人），他们与同属这一阶层的家族有着密切的姻亲关系。有其他证据表明，隋唐两朝皇室很可能出身鲜卑族，即便他们最初是汉人，也已被鲜卑化。东魏的实际掌权者、北齐皇室高氏也存在类似情况。高氏自称与名门渤海高氏同族，后来被迁至怀朔镇，但他们出身鲜卑族的可能性远大于隋唐皇室。为了更加顺利地统治中原，这些统治者往往攀附汉族大姓。而宇文氏作为具有鲜明鲜卑色彩的西魏—北周政权的统治者，则无须标榜自己是汉族。此外，西魏—北周政权的支持者是以柱国大将军、大将军家族为首的北族系集团和根植于西魏境内的汉族名门。这些家族被称为"关陇集团"，他们及他们的子孙，在西魏、北周、隋朝和唐初，一直是最强大的政治势力。尽管近年关陇集团这一说法不断受到挑战，唐初编撰的《周书》等正史很可能对唐朝皇室的出身进行了美化，但不可否认的是，这些家族在当时的政治社会中确实拥有一定的地位。在隋朝和唐初的统治阶层中，不仅有来自关陇集团的成员，还有以四姓家族为代表的原东魏—北齐系的汉人士族和原南朝名门，甚至后两者（尤其是四姓家族）的社会声望更高。总体而言，隋朝和唐初统治阶层的构成与汉代统治阶层有明显区别，这一变化主要是由汉唐间进入中原的各类人群带来的。此为第一点。

第二点是贵族制。汉代并没有贵族制，三国时期曹魏制定的九品官人法（九品中正制）在实施过程中逐渐催生了贵族制。贵族制在东晋和南朝呈现出典型形态，并对北朝产生影响，后延续至隋唐。

那么，贵族制具体指什么呢？中国的贵族制与欧洲中世、日本的贵族制有显著不同。有学者认为，中国真正的贵族制仅存在于西周时期。因此，中国学界通常使用"世族"或"士族"来描述魏晋南北朝时期的贵族群体，而本书则沿用日本学界惯用的"贵族制"一词。这一时期的贵族制特点在于它与官僚制密不可分。曹魏制定了九品官人法，由中正对即将成为官僚的人进行九个等级的评定，评定结果被称为"乡品"。同时，官职也分为九品。入仕之人通常从较其乡品低四至五品的官品对应的官职出仕，顺利的话，最终可以晋升到与乡品等级相当的官品对应的官职。虽然乡品原则上是根据个人才能评定，但在实际操作中，高官或世家子弟更容易获得较高的乡品。这导致某些家族世代获得高级乡品，并逐渐垄断高官职位。学者将这些家族称为贵族。值得注意的是，尽管这些家族都有较高的乡品和官品，但内部仍然存在差别。南朝贵族中获得最高级乡品的家族被称为"甲族"或"门第二品"，这些家族属于高级贵族；其次是"次门"，即次等贵族；再往下是"寒人"和"庶人"阶层（当时关于阶层的划分方式存在多种观点）。不同阶层有各自的晋升路径，"甲族"和"次门"被视为"士"，其他阶层则被视为"庶"，两者在身份上天差地别。

近年来的研究指出，南朝起家官的品级受父亲终官的影响较大，即便出身于高门，如果父亲在官位较低时早逝，也会影响其子的起家官，阶层之间存在一定的流动性。这一观点向学界普遍认为的南朝阶层固化提出了挑战。本书认为，尽管南朝贵族阶层间存在一定的流动性，但整体上仍趋于固定。

在这种身份制下，由贵族承载的文化发展到了新高度，都城建康的繁荣就是明证。被尊为"书圣"的王羲之出身于东晋顶级名门琅邪王氏，以《女史箴图》闻名的东晋画家顾恺之则出自江南贵族。吟咏田园的东晋诗人陶渊明虽出身不高，但也属于士族阶层。南朝文学以骈文著称，这是一种以整齐的四字句或六字句连缀，重视对仗的华丽文体。南朝时期还诞生了古典文学选集

《文选》。这些文学活动的主导者正是贵族阶层。以山水诗闻名的谢灵运出自与琅邪王氏比肩的一流贵族——陈郡谢氏。

南朝贵族制在梁武帝末年发生的侯景之乱中受到重创，尤其是永嘉南渡而来的北方贵族，如王、谢之家，大多遭遇灭顶之灾。而部分南方土著贵族得以幸存，后来活跃于隋唐时期的政治社会中。

孝文帝希望从南朝引进的，是一种基于门第起家，由官僚辅助皇帝统治的机制。在推行这种贵族制时，孝文帝根据他对南朝社会的理解，说服反对者："君子之门，假使无当世之用者，要自德行纯笃。"（《韩显宗传》）不论南朝的贵族是否真的如此，至少重用南朝流亡贵族的北魏皇帝持有这个看法。

那么，隋唐的贵族制究竟是源自南朝还是北朝？南朝的贵族制因阶层固化、缺乏内驱力，与隋唐的贵族制有所不同。这种观点曾经一度占据上风。不过，现在更趋向于认为梁武帝改革中注重才能的一面，尤其是官僚子弟通过学校考试起家的制度，是隋唐科举制度的萌芽。南朝的贵族制并非完全没有自新能力。不过，与南朝的贵族制有所不同，北朝引入的贵族制，是试图结合考课机制的门阀主义（详见第二章）。从北魏分裂出的西魏在选拔官吏时也更重视才干而非门第。这些精神被隋唐继承并发展为科举制度。同时，东魏—北齐的勋贵和恩幸的存在也动摇了门阀社会，进而影响到隋唐的贵族制。进一步来说，就像北魏四姓等家族在整个唐代都保持了一定的官僚地位那样，北魏朝廷正式认定的汉族门第在唐代也具有持续影响力。

三、女性的活跃、世界帝国

　　颜之推在《颜氏家训》中有这样一段描述：北齐邺都大多是妇女持家，她们为争是非曲直而诉诸公堂，或向权贵陈情逢迎。因此，道路上妇女们的马车川流不息，公衙中她们盛装云集，有的代子求官，有的为夫诉屈。颜之推感叹道，这难道就是"恒、代"（指北魏平城时代的鲜卑族）遗风吗？与南朝妇女多闭门在家不同，鲜卑等北族女性非常活跃。尽管两晋时期曾有皇后、太后掌权，南朝也有过形式上的母后临朝，但北朝官僚妻室的社会活跃程度仍然给成长于南朝的颜之推带来不小的冲击。

　　高欢的妻子娄氏就是这样一位女强人。她出身于内入诸姓之一的匹娄氏，对在"城"（可能是指怀朔镇城）上执役的高欢一见钟情，并且不顾父母的反对，与其结为夫妇。娄氏不仅在经济上支持高欢结交豪杰，还积极参与丈夫的密谋（《北齐书·神武娄后传》）。另外，尔朱荣之女、孝庄帝的皇后，后来成为高欢侧室。高欢迎娶柔然可汗之女（蠕蠕公主）为妃时，尔朱氏也参加了迎接活动。公主用弓箭射落飞鸟后，尔朱氏也毫不示弱地用长弓回敬（《北史·后妃传下》）。她们应该都是颜之推所述具有恒、代遗风的女性。

　　代国时期有很多代王之母掌权的例子。如代王贺傉时，太后临朝，代国派往后赵的使者被蔑称为"女国使"。正如本书前述，北魏建国以后皇太后掌握权力的例子也不少。一般认为，游牧民族的女性在家族、社会中拥有很大发言权，很多北朝女性因此可以积极参与社会活动，甚至能够操弄武器。

近年发现了唐代女官上官婉儿的墓葬。她活跃于7世纪末至8世纪初，是曾在武则天和中宗、韦后时期担任过要职的高级女官。墓葬出土了骑马和女扮男装女性的陶俑。对此，有观点认为，正是因为处在女性也可称帝的时代，才会出现这样的女俑。女性在政治和社会生活中展现出的奔放、活跃，并非始于唐朝，而是在五胡政权和北朝时期就已形成。讲述女子代父出征、斩获军功后归家的《木兰诗》，故事背景被认为就是北魏对柔然的战争。隋文帝的独孤皇后（胡族）在隋文帝尚未登基时，就与丈夫达成了不能与其他女人生子的约定，这不仅仅是由于她强硬的个性。

隋唐政权扩大了统治区域，归附的周边国家和民族较南北朝时期更多，因此往往被称为"世界帝国"。在都城长安，具有异域风情的酒家生意兴隆，不仅有西域美女迎来送往，还供应来自西方的葡萄美酒，亚洲各地的音乐在此演奏，从西域进口的金银玻璃器皿也备受欢迎。宗教方面，景教、祆教、摩尼教的寺院林立。隋唐的世界性还体现在官员的出身上。日本人熟知的阿倍仲麻吕就是唐玄宗时期的高官，当然，唐朝的外籍官员不止他一人。"蕃将"（非汉族将领）也异常活跃，发动叛乱的安禄山就是粟特系胡人。

这种"世界性"源自何处？以商队活动而闻名的中亚胡人——粟特人，凭借其大范围的商业活动而拥有广泛的关系网。他们不仅活跃于柔然等游牧国家的外交领域，也在中国南方留下了足迹。北朝末期，粟特人开始在中原腹地居住，其聚落首领萨保（萨宝）

得到当时政府的承认。粟特人还拥有军事力量，北周将他们纳入军府，还出现了粟特军府官。据《北史·恩倖传》载，活跃于东魏—北齐、位至开府仪同三司的安吐根就是安息（Parthia）胡人。北齐恩倖中最具权势的和士开，他的祖先就是西域商人。这些中亚胡人使用与出生地相关的单字姓氏，例如，布哈拉（安国）为"安"姓，撒马尔罕（康国）为"康"姓等。另外，前述洛阳四夷馆、四夷里中的崦嵫馆和慕义里就是用来安置"西夷"的。那里不仅有来自西域的"使者"，还有"商胡"。《洛阳伽蓝记·城南》就记载有西域胡人在慕义里兴建菩提寺。

由此可见，在北朝时期，隋唐帝国"世界性"的一些要素已经开始显现。根本上，随着汉文化向周边的扩展，匈奴、鲜卑等非汉族人群相继进入中原腹地，逐渐形成了胡汉融合的社会。这种融合正是隋唐成为世界性帝国的基础。

当然，隋唐帝国的世界性还得益于南朝通过海路与东南亚、南亚各国之间的外交和贸易联系。尽管本书没有太多机会深入讨论"融合"的问题，但我们不能忽视魏晋南北朝时期的另一个现象——针对被划入统治范围，但实际上脱离汉族王朝统治的各族，特别是华中、华南和云南地区的"少数民族"（统称为"蛮"的各族以及山越等）的同化政策也在逐步推进。

尽管一些要素即使没有北朝胡族政权也会出现，但通过以上三节的讨论，我们可以明确发现，隋唐帝国的形成并非仅仅是秦汉帝国单线发展的结果。

四、北魏的历史地位

前言中指出，本书旨在探讨北魏在秦汉至隋唐这一发展潮流中的历史意义。如果我们将中国大地视作一条自西向东奔涌的洪流，不妨来看看它的流动。

总体而言，秦汉的洪流并没有直接流向隋唐，而是在途中分为南北两条支流。北向支流因胡族的影响而染上黄色（以北魏标榜土德为喻）。当然，这条河流不仅仅是表层的黄色，更有自秦汉以来逐渐加深的底层青色。还有一股青色细流一度流向西北，后又重新汇入大河。南向支流则流经较北方更加湿润的土地，颜色自淡青逐渐转浓而趋于蓝色。南北两条支流虽然时有接触，互相染上些许对方的颜色，但基本上作为两条不同的河流，最终在隋唐时期汇合。合流后的大河呈现出新的颜色（浓青色与黄色合成绿色），但由于各自支流原本的惯性，表层仍然显示出或青或黄的色彩。

现在需要讨论的是，在合流后的大河中，是黄色还是浓青色主导？根据本书的叙述，暂且认为黄色占据了优势。但这并不是什么大问题，我们只需理解黄色在隋唐时期所起的巨大作用便可以了。

孝文帝改革后不久，北魏便发生了分裂。这场分裂的根源在于对孝文帝改革的抵制。从表面上看，孝文帝的改革似乎是失败了。然而，问题并非如此简单。最终，一个超越胡汉的新帝国时期——隋唐帝国——诞生。尽管就汉代以后的社会变化的进程而言，这一改革可能有些用力过猛，但正是它加速了新帝国时期的诞生。

关于对北魏史的理解，学界的视角从重视汉化到强调北族因素不一而足。这些观点的核心都在于如何看待北魏在中国史中的定位。本书也基本沿袭了这一讨论方向。

然而近年来，从更大的框架出发来思考北魏历史意义的趋势日益明显。西嶋定生提出了"东亚世界论"，把中国、朝鲜半岛、越南和日本纳入同一个政治、文化世界来统筹思考。不可否认，西嶋理论因没有包含北亚、中亚，而在对中国历史的理解上有些缺憾。因此，现在日本学者开始强调"欧亚视角"（东部欧亚史、欧亚东方史等），而中国学者则强调"内亚史"视角的必要性。这些视角主要关注的区域大致包括帕米尔高原以东、北至西伯利亚、南至中南半岛的广袤区域（骑马游牧民族活动的中央欧亚视角则涵盖更广，向西延伸至东欧草原）。从这类视角出发的研究为我们提供了新的历史认知。

笔者认为，这一视角确实有其必要性，本书也吸收了基于新视角的研究成果。然而，要明确在何种程度上承认"内亚"对北魏的影响，仍是一个难题。

以内朝官为例。最早关注到内朝官的川本芳昭指出，北魏前期的内朝官与元代的"怯薛"有相似之处。目前我们已知，在不同时期、不同地域，如辽等国家都存在类似的组织。这种在"内亚史"中具有普遍性的制度，的确在鲜卑族建立的北魏国家体系中发挥了作用。尽管孝文帝废除了内朝官，但是东魏—北齐依然存在担任侍卫的库真（或作库直，鲜卑语音译）一职，北周也设有负责侍卫的一系列官职，这些职位都显示出与北魏内朝官相似的特点。乍看之下，这些职位似乎是内朝官的复兴。

然而，中原本身也有由高官子弟仕任君主侧近的传统。川本芳昭指出，汉代的郎官与北魏的内朝官有相似之处。正因为郎官是汉代的内朝官，川本氏才将北魏的相关职位称为"内朝官"。会田大辅指出，尽管北周侍卫的就任者、就任前后的官职具有游牧官制的要素，职掌也与北魏内朝官有相同之处，但并非完全一致，所以北周的侍卫不等同于北魏前期的内朝官。既要承认"内亚"游牧官制的要素的存在，又不能认为完全等同。这种精细的探讨虽然很难，但非常有必要。

与此相关的是，近年来日本的高中课本开始使用"拓跋国家"一词。这是因为8世纪的突厥碑文中以"Tabgach"一词指称唐朝，而这一词汇来自拓跋之讹。考虑到权力实体间的继承性和共通性，"拓跋国家"一词意在突显北魏至唐朝的连贯性。也有观点指出，唐朝军队的核心力量是来自北魏六镇的鲜卑系、匈奴系集团和突厥系游牧民。北魏皇帝自称可汗，而臣服的游牧民集团也尊称唐太宗为"天可汗"，从这一点来看，游牧民可能是把北魏至唐视为同一系列的政权。然而，隋唐继承的不仅有北朝的制度和文化，南朝的制度和文化也占据了相当的分量。就经济体量而言，南朝地域与华北旗鼓相当，甚至在此后超越了华北。相较于将隋唐视为中国历史内在发展的结果，笔者更强调北方和西北因素的重要性。但平心而论，直接将隋唐视为"拓跋国家"失之偏颇。

　　最后，就北魏与日本的关系补充一二。5世纪时，日本国王被南朝册封为倭王，参与对北魏的包围。此后日本虽未与南朝保持政治往来，但通过朝鲜半岛持续受到南朝的影响。另外，日本也没有与北魏建立直接的政治联系。不过，始于北魏的均田制在唐朝时传入日本，北魏洛阳的都城制度也通过唐朝的长安城影响了日本平城京和平安京的设计。[①]正是由于唐朝自北魏发展而来，阿倍仲麻吕等人才得以在这一时期的政坛中活跃。佛教在日本确立类似国家宗教的地位，虽然直接来自对唐朝和武周的学习，但这一佛教形态的开端可以追溯到北魏。因此，尽管不存在直接交流，但北魏并非与日本毫无关系的王朝，孝文帝也不是与日本毫无关联的帝王。

[①] 北魏尚在的时候，日本主要通过百济接受南朝的知识，藤原京的规划设计便源于南朝建康。

后　记

　　笔者最初从事北魏史研究是在撰写大学本科毕业论文时，至今已有半个多世纪。论文的主题是北朝的军镇，内容不过尔尔。后来从学校论文保管处借出论文时，恰逢火灾，文稿烧毁，深为不用贻笑大方而窃喜不已。硕士论文的主题是魏晋南北朝时期地方长官的本籍地任用问题，之后顺利进入博士课程学习。指导老师是西嶋定生先生。

　　西嶋先生为研究生们组织了一个研究会。我当时的任务是收集关于良贱制的论文和资料。在西嶋先生长期访学归国后，研究会的课题转向制作《魏书》的词汇索引（自号"《魏书》研究会"）。索引的制作过程是，首先细读《魏书》，选定词条，然后从《魏书》的复印件中将相关记述剪下，贴到卡片上，并在卡片上记录相关信息，最后把卡片分类，归入不同的文件盒。当时，参加研究会的研究生中，主要利用《魏书》进行研究的只有我和同级的佐藤智水，佐藤的研究题目还涉及造像铭，所以我成为这项工作的负责人。尽管索引的制作时间远超预期，最后成稿的形式也与设想的有很大不同，但成果最终由汲古书院出版，前后耗时近30年。

期间，我赴高知大学工作了9年半，虽然未能全程参与索引的制作，却始终与《魏书》有着紧密的联系。而且，尽管花费3年的时间才完成硕士论文，但我为《魏书》列传中所有人物制作了生平卡片。这些卡片连同我的本科毕业论文一起在火灾中化为灰烬，此后又重新来过。

就这样，北魏史成为我的主要研究方向。当时，贵族制是魏晋南北朝史研究的热点。虽未明言，我也暗自下定决心要研究北魏的贵族制。由于中国的贵族制与官僚制度有着密切关系，因此我探讨了以北魏为中心的官制问题。

然而，我的研究进展缓慢。这不仅是能力的问题，还由于我性格上不能一心二用，此间多次因为他事无法专注于中国史研究。结果直到快退休时，才出版了人生的第一本专著。即便是那本书，也只是对长期所写东西的总结，这不能不让人感到遗憾。

事实上，我在退休前才开始进行真正意义上的研究。作为伊藤敏雄教授主持的日本科学研究费补助金课题的成员，我开始了墓志研究。因为拥有相当多的时间，研究进展比以往更为顺利。虽然关于墓志起源的问题仍存在争议，但显然墓志在北魏后期开始盛行，其内容也变得丰富多样。由于北魏史的文献史料不多，作为第一手资料的墓志无疑具有重要意义，而且近年来发现的墓志及拓本数量显著增加。墓志不仅可以对传世文献史料进行修正和补充，还可以提供新的信息。正如本书介绍的那样，一方墓志可以证明部族离散的实施；而对家族墓志的分析，也可以进一步揭示贵族制的实际状况。墓志使我们对北朝末期至唐代初期粟特人的社会和活动有了突破性认识。至于我对墓志的利用，有通过研究杨氏一族的墓志，讨论北朝弘农杨氏的情况，并就谷川道雄先生关于北朝贵族生活伦理的看法提出了自己的见解；此外，我还通过对大量墓志数据的整理，分析了孝文帝改革之后官员的晋升方式，从而明确了北朝贵族制的特征。尽管成果有限，但至少逐步接近了我开始北魏史研究时的目标。

实际上，本书的撰写开始于我从御茶水女子大学退休时。最初用一些时间完成了初稿，但该版本从未公开，内容上也有诸多不足之处。后来，关尾史郎先生强烈建议我写一部概述性著作。当时，我深感自己的研究能力大幅退步，但又觉得若这些年来对北魏史的理解能够付梓，也是一种幸运。而且，我的墓志研究成果已经作为第二部专著出版，若在其基础上进行大量修改和增补，或可就此成书。基于这些考虑，我接受了关尾先生的提议。本书与一般的概述书不同，自觉地融入了不少个人观点。更大的问题是，尽管在终章第四节中以河流形容北魏史，但书中却对作为背景的浓青色河流（南朝）涉及甚少，对淡青色河流（秦汉）的具体指涉也未做充分说明。若有人批评我对北魏史这一重要课题的理解过于浅薄，我也甘心领受。不过，本书确实是我现阶段对北魏史的理解。

尽管如此，我还是心存遗憾。记得西嶋先生在申请《魏书》索引的科研费补助金时，于申请书中对这项工作的意义做了如下阐述：北魏是在远离汉文化的地域建立的政权，最终深受汉文化影响，日本亦是如此，因此，理解日本史需要研究北魏史（当然，先生的原话并非如此粗浅）。众所周知，西嶋先生的研究特点在于结合中日历史。我也关注日本史，只是最终没能把自己的研究与日本史充分结合。

在本书撰写过程中，除关尾史郎先生外，我还得到了同学后藤晃先生的中肯建议。除了以上二位，我还从已故的西嶋定生先生、谷川道雄先生、周一良先生、田余庆先生、殷宪先生等学者那里，直接或间接受到诸多指教。此外，《魏书》研究会、日本魏晋南北朝史研究会的同人，同辈的郑钦仁教授、朴汉济教授等，以及众多年轻的国外研究者，也为笔者提供了不少指导。由于篇幅有限，本书正文中不得不尽量减少对研究者的直接引用，最后的参考文献也仅列举了一小部分重要成果。然而，本书是在众多学者的研究基础之上写成的，对此，我深表感谢。不得不承认，在从事北魏史研究后相当长的时间里，我对北魏史的理解与现在有很大不同。本书得以成形，离不开大家的指导与帮助。

最后，对将小书纳入"东方选书"系列出版的东方书店和本书的编辑本奈都先生表示感谢。

窪添庆文

2020 年 10 月

北魏大事年表

公历	北朝（含代国时期）大事记	其他大事记
220	相传拓跋力微成立部落联合国家	曹魏建国
224		西亚波斯萨珊王朝建立
239		倭王卑弥呼向曹魏遣使
258	相传拓跋力微迁居定襄盛乐	
265		曹魏禅位，西晋建立
275	拓跋力微遣子朝贡西晋	
277	拓跋力微去世	
280		西晋灭吴，中国统一
295	拓跋部在此前后分为三部	
301		西晋八王之乱开始
304		刘渊称汉王，李雄称成都王，五胡十六国时期开启
305	西晋授拓跋猗㐌假大单于	
310	西晋封拓跋猗卢大单于、代公	
311		汉军陷洛阳，移怀帝至平阳
313		高句丽吞并乐浪郡
315	西晋封拓跋猗卢为代王，代国建立	
316	拓跋猗卢因内乱遇害	汉军陷长安，西晋灭亡
318		晋元帝即位，东晋建立
338	拓跋什翼犍为代王	

（续表）

公历	北朝（含代国时期）大事记	其他大事记
340	拓跋什翼犍定都云中盛乐	
356		新罗建国
365	约在这一时期，敦煌石窟开凿	约在这一时期，王羲之去世
375		日耳曼民族大迁徙开始
376	代国灭亡，前秦统一华北	
383		前秦进攻东晋，于淝水大败
386	拓跋珪即代王位，改国号为魏	
391	北魏破铁弗部，占领鄂尔多斯地区	高句丽广开土王即位
395	北魏于参合陂大破后燕军	罗马帝国分裂为东西二部
396	魏王拓跋珪即天子位，置百官	
397	北魏基本控制了后燕领土	
398	北魏迁都平城，拓跋珪（道武帝）即皇帝位	
402		柔然控制漠北
403		桓玄夺取东晋帝位（次年败死）
409	道武帝被弑，明元帝即位	鸠摩罗什去世
410		东晋将领刘裕灭南燕
417		东晋将领刘裕占领长安，灭后秦
418		夏国占领长安
420		东晋皇帝禅位于刘裕，南朝宋建国
421		倭王赞遣使入宋
422	皇太子拓跋焘监国 魏攻宋，占领洛阳及其以东地区（422—423）	

（续表）

公历	北朝（含代国时期）大事记	其他大事记
423	明元帝去世，太武帝即位	
424	柔然入侵，陷盛乐宫	宋文帝即位（424—453年在位，史称"元嘉之治"）
425	兵分三路进攻柔然	
426	攻夏，占领长安	
427	攻占夏都统万城	陶渊明去世 高句丽迁都平壤
429	进攻柔然，于巳尼陂破高车，置新民于漠南	
430	宋军欲夺回洛阳等河南之地，未果（430—431）	
431	征士，进用汉族名门 吐谷浑获夏主，送于北魏（夏灭亡）	
436	灭北燕	
439	灭北凉，统一华北，南北朝时期开启	
442	太武帝受符箓	北凉残党占据高昌（高昌国起源）
444	皇太子拓跋晃开始监国 进攻吐谷浑（444—445）	
445	盖吴之乱爆发（445—446）	
446	太武帝灭佛 修筑畿上塞围	
448	讨焉耆、龟兹，平定"西域"	
449	大破柔然	
450	刘宋北伐，北魏反击，太武帝亲征至长江 诛崔浩	

（续表）

公历	北朝（含代国时期）大事记	其他大事记
451	皇太子谋害太武帝，事发被杀	匈人阿提拉在沙隆之战中战败
452	太武帝为宦官所杀，南安王即位 南安王被废，文成帝即位 佛教复兴	
460	云冈石窟开凿（一说在453年）	
465	文成帝去世，献文帝即位	
466	权臣乙浑被杀，文明太后临朝	宋晋安王刘子勋之乱爆发
467	孝文帝出生	
469	宋夺淮北之地	
471	献文帝让位于孝文帝	
475		百济迁都熊津
476	文明太后暗杀献文帝，第二次 　临朝称制	西罗马帝国灭亡
478		倭王武向宋遣使
479		萧道成自宋受禅，建立南齐
484	定百官俸禄制	
485	下均田诏	
486	实施三长制 建明堂、辟雍（491年完成）	
488	建设圜丘	
490	文明太后去世	
491	孝文帝自正月开始亲政	
492	罢异姓诸王 改行次为水德	
493	孝文帝南伐，宣布迁都洛阳	

（续表）

公历	北朝（含代国时期）大事记	其他大事记
494	迁都洛阳 禁胡服 孝文帝第一次亲征南齐 开凿龙门石窟	
495	禁胡语 分定姓族 初行五铢钱	
496	改胡姓为汉姓 以迁代之士为羽林、虎贲 废皇太子元恂 平城穆泰等作乱事泄	
497	孝文帝第二次亲征南齐	
499	孝文帝在第三次亲征南齐的途 　中去世，宣武帝即位	
500	裴叔业自南齐来奔 与南朝全线交战（500—516）	南齐萧衍举兵
501	移圜丘至伊水北	萧衍兵临建康
502		萧衍（梁武帝）自南齐受禅，梁建国
508		梁改革官制（天监改革）
515	宣武帝去世，孝明帝即位 宣武帝外戚高肇被逼自杀，于 　忠专权 灵太后临朝	
518	宋云求法出发（518—522）	
519	羽林之变爆发，崔亮制停年格	
520	元乂幽禁灵太后	柔然内乱，阿那瓌投奔北魏
523	六镇之乱爆发	阿那瓌大掠后北归
524	改镇为州	

（续表）

公历	北朝（含代国时期）大事记	其他大事记
525	灵太后罢退元义，重新临朝掌权 破六韩拔陵败，其降众被分置在河北	
526	鲜于脩礼再度举事（其死后葛荣继续）	
527		拜占庭帝国查士丁尼一世登基
528	灵太后杀孝明帝 尔朱荣发动河阴之变 尔朱荣攻破葛荣军	
529	梁以北海王元颢为魏主，派兵护送其入洛阳，后败走	
530	六镇之乱结束 孝庄帝诛尔朱荣，尔朱兆杀孝庄帝 尔朱氏立长广王元晔为帝	
531	尔朱氏废元晔，立前废帝 高欢自尔朱氏独立，立后废帝	
532	高欢于韩陵山破尔朱氏，拥立孝武帝	
534	贺拔岳死，宇文泰代其统领余众 孝武帝投奔宇文泰 高欢拥立孝静帝，迁都邺城 宇文泰杀孝武帝	
535	宇文泰立文帝，北魏分裂为东魏、西魏	
537	东、西魏于沙苑大战	
541	西魏颁行《六条诏书》 东魏颁行麟趾格	

（续表）

公历	北朝（含代国时期）大事记	其他大事记
543	东、西魏于邙山大战	
547	东魏高欢去世，侯景叛	梁接纳东魏叛将侯景
548		梁侯景之乱爆发
549	西魏恢复胡姓	侯景陷建康，梁武帝死
550	高洋自东魏受禅（文宣帝），北齐建国 西魏建二十四军之制	
552		侯景之乱结束，梁元帝于江陵即位 突厥击灭柔然，称可汗
554	西魏陷江陵，将梁朝官员迁至关中	
555	西魏于江陵建立傀儡政权后梁	
556	西魏施行六官之制 宇文泰去世	
557	宇文觉自西魏受禅（孝闵帝），北周建国 宇文护废孝闵帝，立明帝	陈霸先自梁受禅（武帝），陈建国
558		突厥联手萨珊王朝灭嚈哒
559	北齐大杀元氏	
560	北周宇文护杀明帝，立武帝	
564	北齐颁行河清律令	
572	北周武帝杀宇文护，亲政	
574	北周武帝禁佛、道二教	
577	北周灭北齐，统一华北	
578	北周武帝去世，宣帝即位	
581	杨坚代北周（文帝），隋建国	

（续表）

公历	北朝（含代国时期）大事记	其他大事记
583	隋建大兴城	这一时期突厥分裂为东、西两部
587	隋吞并傀儡国后梁	
589	隋灭陈，中国再次统一	

参考文献

一、概论

船木勝馬：《古代遊牧騎馬民の国—草原から中原へ》，誠文堂新光社，
　　1989

松丸道雄等編：《中国史　二　三国→唐》，山川出版社，1996

杉山正明：《遊牧民から見た世界史—民族も国境もこえて》，日本経済新
　　聞社，1997，増補版2011

三﨑良章：《五胡十六国　中国史上の民族大移動》，東方書店，2002，新
　　訂版2012

川本芳昭：《中華の拡大　魏晋南北朝》，講談社（《中国の歴史》五），
　　2005

渡辺信一郎：《中華の成立　唐代まで》，岩波新書　シリーズ中国の歴史
　　①，2019

古松崇志：《草原の制覇　大モンゴルまで》，岩波新書　シリーズ中国の
　　歴史③，2019

森安孝夫：《シルクロード世界史》，講談社選書メチエ，2020

二、专著

宮崎市定：《九品官人法の研究　科挙前史》，同朋舎，1956

浜口重国：《秦漢隋唐史の研究》上下，東京大学出版会，1966

谷川道雄：《隋唐帝国形成史論》，筑摩書房，1971，増補版1998

堀敏一：《均田制の研究》，岩波書店，1975

内田吟風：《北アジア史研究　鮮卑柔然突厥篇》，同朋舎，1975

福島繁次郎：《中国南北朝史研究（増補版）》，名著出版，1979

前田正名：《平城の歴史地理学的研究》，風間書房，1979

西嶋定生：《中国古代国家と東アジア世界》，東京大学出版会，1983

田村実造：《中国史上の民族移動期—五胡・北魏時代の政治と社会》，創
　　文社，1985

渡辺信一郎：《天空の玉座　中国古代帝国の朝政と儀礼》，柏書房，1996

川本芳昭：《魏晋南北朝時代の民族問題》，汲古書院，1998

佐藤智水：《北魏仏教史論考》，岡山大学文学部，1998

氣賀澤保規：《府兵制の研究—府兵兵士とその社会》，同朋舎，1999

窪添慶文：《魏晋南北朝官僚制研究》，汲古書院，2003

石松日奈子：《北魏仏教造像史の研究》，ブリュッケ，2005

内田智雄編，富谷至補：《訳注　歴代刑法志（補）》，創文社，2005（初版
　　1964）

金子修一：《中国古代皇帝祭祀の研究》，岩波書店，2006

松下憲一：《北魏胡族体制論》，北海道大学大学院文学研究科，2007

渡辺信一郎：《中国古代の財政と国家》，汲古書院，2010

渡辺信一郎：《中国古代の楽制と国家　日本雅楽の源流》，文理閣，2013

佐川英治：《中国古代都城の設計と思想　円丘祭祀の歴史的展開》，勉誠
　　出版，2016

石見清裕編著：《ソグド人墓誌研究》，汲古書院，2016

窪添慶文：《墓誌を用いた北魏史研究》，汲古書院，2017

陈寅恪：《隋唐制度渊源略论稿》，商务印书馆，1944

姚薇元：《北朝胡姓考》，科学出版社，1958（中华书局，修订版2007）

严耕望：《中国地方行政制度史》上编四，"中央研究院"历史语言研究所，1963

郑钦仁：《北魏官僚机构研究》，牧童出版社，1976（稻禾出版社，1995再版）

杨宽：《中国古代都城制度史研究》，上海古籍出版社，1993

米文平：《鲜卑石室寻访记》，山东画报出版社，1997

侯旭东：《北朝村民的生活世界——朝廷、州县与村里》，商务印书馆，2005

张金龙：《北魏政治史》一～九，甘肃教育出版社，2008

罗新：《中古北族名号研究》，北京大学出版社，2009

李凭：《北魏平城时代（修订本）》，上海古籍出版社，2011

田余庆：《拓跋史探（修订本）》，生活·读书·新知三联书店，2011（日译本田中一辉、王铿译：《北魏道武帝の憂鬱—皇后·外戚·部族》，京都大学学術出版会，2018）

牟发松：《汉唐历史变迁中的社会与国家》，上海人民出版社，2011

殷宪：《平城史稿》，科学出版社，2012

罗新：《黑毡上的北魏皇帝》，海豚出版社，2014

三、论文

佐藤智水：《北魏皇帝の行幸について》，《岡山大学文学部紀要》45，1984

朴漢济：《北魏洛陽社会と胡漢体制—都城区画と住民分布を中心に》，《お茶の水史学》34，1990

佐川英治：《三長·均田両制の成立過程—『魏書』の批判的検討をつうじて》，《東方学》97，1999

岡田和一郎：《北斉国家論序説—孝文体制と代体制》，《九州大学東洋史論集》39，2011

松下憲一：《北魏部族解散再考—元萇墓誌を手がかりに》，《史学雑誌》123-4，2014

会田大輔：《北周侍衛考—遊牧官制との関係をめぐって》，《東洋史研究》74-2，2015

侯旭东：《北魏申洪之墓志考释》，吉林大学古籍研究所编：《"1—6世纪中国北方边疆·民族·社会国际学术研讨会"论文集》，科学出版社，2008

佐川英治：《北魏六镇史研究》，《中国中古史研究》5，中西书局，2015